Intra

Lehrgang für Latein ab Klasse 5 oder 6

Grammatik und Vokabeln II

von Ursula Blank-Sangmeister

Mit Zeichnungen von Susanne Schewe

Vandenhoeck & Ruprecht

ISBN 978-3-525-71822-3

Redaktion: Jutta Schweigert, Göttingen

Layout, Gestaltung, Satz und Litho: SchwabScantechnik, Göttingen
Druck und Bindung: Memminger MedienCentrum, Memmingen

Gedruckt auf chlorfrei gebleichtem Papier

Inhalt

Onēsimum
ut Philēmōnem dēlectet
Paulus
remittit

Nominativ + Infinitiv
+ passivisches Prädikat
= nci

Beziehungs-
wort
Genitivus partitivus

erō
eris
erit
erimus
eritis
erint
FUTUR 2

issimus
issima
issimum
limum
Superlativ
rimus
lima
rima
limus
rimum

Lektion 26

119 Bildung und Deklination des Partizips der Gleichzeitigkeit/des Partizip Präsens Aktiv

Mīlitēs hostēs **clāmantēs** audiunt. — Die Soldaten hören die **schreienden** Feinde.

Clāmantēs ist ein Partizip der Gleichzeitigkeit/ein Partizip Präsens Aktiv (abgekürzt: PPA); es steht hier in KNG-Kongruenz zu hostēs.

Das Partizip der Gleichzeitigkeit/Partizip Präsens Aktiv (PPA) erkennst du im Nominativ Singular an dem Kennzeichen -ns, in allen anderen Formen an dem Kennzeichen -nt-.

Das PPA wird nach der Mischdeklination dekliniert (vgl. Grammatik Lektion 10, 62). Maskulinum und Femininum haben dieselben Formen.

ā-Konjugation					
	Singular			**Plural**	
	m./f.		n.	m./f.	n.
Nominativ	vocā-ns	rufend	vocā-ns	voca-nt-ēs	voca-nt-ia
Genitiv	voca-nt-is		voca-nt-is	voca-nt-ium	voca-nt-ium
Dativ	voca-nt-ī		voca-nt-ī	voca-nt-ibus	voca-nt-ibus
Akkusativ	voca-nt-em		vocā-ns	voca-nt-ēs	voca-nt-ia
Ablativ	voca-nt-e		voca-nt-e	voca-nt-ibus	voca nt-ibus

Die anderen Konjugationen bilden das Partizip der Gleichzeitigkeit/das Partizip Präsens Aktiv (PPA) wie folgt:

ē-Konjugation (terrēre): terrēns, terrentis …
ī-Konjugation (audīre): audiēns, audientis …
konsonantische Konjugation (mittere): mittēns, mittentis …
konsonantische Konjugation mit i-Erweiterung (capere): capiēns, capientis …
Das PPA von īre lautet iēns, euntis, das von ferre ferēns, ferentis.

120 Das Partizip der Gleichzeitigkeit/Partizip Präsens Aktiv (PPA) als Satzglied

120.1 Attribut

hostēs tēlīs **invādentēs**	die mit Geschossen **angreifenden** Feinde

Das Partizip der Gleichzeitigkeit/Partizip Präsens Aktiv (PPA) invādentēs steht in KNG-Kongruenz zu hostēs und bestimmt die Feinde näher. Es steht hier also als Attribut.

Übersetzungsmöglichkeiten:

1. »wörtlich«:	die angreifenden
2. mit Relativsatz:	die angreifen

Besonders wenn das Partizip erweitert ist (hier durch »tēlīs« – »mit Geschossen«), empfiehlt sich oft die Übersetzung mit einem Relativsatz. Erweiterungen zu einem Partizip stehen, wie du vom Partizip der Vorzeitigkeit (PPP) schon weißt, meist zwischen Beziehungswort und Partizip. Und du erinnerst dich sicher auch, dass man in einem solchen Fall von einer **Klammerstellung** spricht.

120.2 participium coniūnctum

Mīlitēs mūrōs hostium **oppūgnantēs** famē sitīque vexantur.	**Während die Soldaten** die Mauern der Feinde **bestürmen**, werden sie von Hunger und Durst gequält.

Hier gelten dieselben Regeln wie bei dem als pc verwendeten Partizip der Vorzeitigkeit (PPP). Du musst nur darauf achten, dass das Partizip jetzt die Gleichzeitigkeit ausdrückt.

Das Partizip oppūgnantēs nimmt eine Zwitterstellung ein:

1. Es hat ein Beziehungswort, an das es sich in Kasus, Numerus und Genus angleicht (KNG-Kongruenz): Mīlitēs.
2. Es bestimmt das Prädikat näher: Wann werden die Soldaten von Hunger und Durst gequält?

Das Partizip ist hier also als Prädikativum und somit als participium coniūnctum verwendet (vgl. Grammatik Lektion 17, 93 und Lektion 24, 115.2).

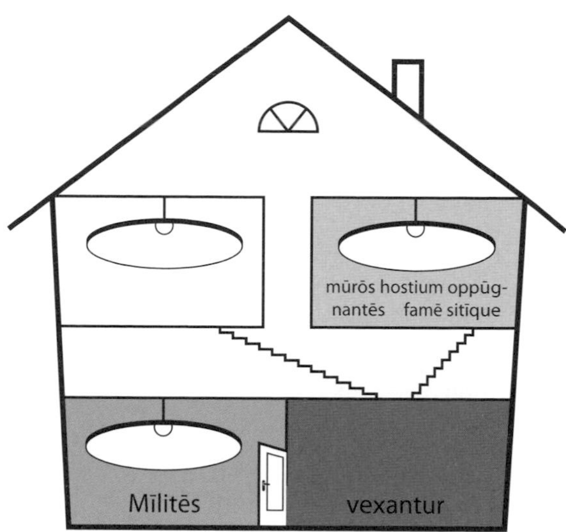

Zeitverhältnis

Das Partizip der Gleichzeitigkeit drückt, wie der Name schon sagt, die Gleichzeitigkeit zum Prädikat aus. In unserem Beispielsatz oben bestürmen die Soldaten die Stadt und leiden gleichzeitig an Hunger und Durst.

Übersetzungsmöglichkeiten des Partizips der Gleichzeitigkeit als participium coniūnctum

Auch hier gibt es mehrere Übersetzungsmöglichkeiten für das pc:

1. Wörtlich, also mit deutschem Partizip (oft holprig):
   Die Soldaten, die Mauern der Feinde bestürmend, werden von Hunger und Durst gequält.
2. Subjunktionaler Gliedsatz (ist als erste Übersetzung zu empfehlen):
   Während die Soldaten die Mauern der Feinde bestürmen, werden sie von Hunger und Durst gequält.
3. Beigeordneter (gleichwertiger) Satz:
   Die Soldaten bestürmen die Mauern der Feinde und werden (gleichzeitig) von Hunger und Durst gequält.
4. Präpositionaler Ausdruck (geht nicht immer):
   Während/Bei der Bestürmung der Mauern der Feinde werden die Soldaten von Hunger und Durst gequält.

Oft passen mehrere Möglichkeiten – dann entscheidest du dich für die, die dir am besten gefällt.

Semantische Funktionen (Sinnrichtungen) des Partizips der Gleichzeitigkeit als participium coniūnctum

Auch hier musst du genau überlegen, welcher gedankliche Zusammenhang zwischen dem pc und dem Prädikat besteht. Ist das pc temporal, kausal oder konzessiv aufzufassen? Lies dazu noch einmal die Grammatik Lektion 24, 115.2.

	temporal	**kausal**	**konzessiv**
Gliedsatz	während/als/ wenn	weil/da	obwohl/obgleich
Beigeordneter Satz	und gleichzeitig	und deshalb	und trotzdem/ dennoch
Präpositionaler Ausdruck	während/bei	wegen/aufgrund von	trotz

121 Demonstrativpronomina

121.1 ille, illa, illud: jener, jene, jenes

(1) **Illud** bellum valdē difficile erat. — **Jener** Krieg war sehr schwierig.
(2) Virtūs **illīus** admīrābilis erat. — Die Tapferkeit **jenes (Mannes)** war bewundernswert.

Das Demonstrativpronomen ille, illa, illud weist auf etwas hin, was für den Sprecher oder die Sprecherin zeitlich, räumlich oder gefühlsmäßig entfernt ist.

Ille, illa, illud kann sowohl wie ein Adjektiv (Beispiel 1) als auch wie ein Substantiv (Beispiel 2) verwendet werden.

	Singular			**Plural**		
	m.	f.	n.	m.	f.	n.
Nominativ	ille	illa	illud	illī	illae	illa
Genitiv	illīus	illīus	illīus	illōrum	illārum	illōrum
Dativ	illī	illī	illī	illīs	illīs	illīs
Akkusativ	illum	illam	illud	illōs	illās	illa
Ablativ	illō	illā	illō	illīs	illīs	illīs

121.2 hic, haec, hoc: dieser, diese, dieses

(1) **hōc** modō — auf **diese** Weise

(2) Ecce duo mīlitēs: Ille cum hostibus pūgnat, **hic** castra dēfendit. — Da sind zwei Soldaten: Jener kämpft mit den Feinden, **dieser** verteidigt das Lager.

Das Demonstrativpronomen hic, haec, hoc weist auf etwas hin, was sich für den Sprecher oder die Sprecherin in unmittelbarer zeitlicher, räumlicher oder gefühlsmäßiger Nähe befindet.

Hic, haec, hoc kann sowohl wie ein Adjektiv (Beispiel 1) als auch wie ein Substantiv (Beispiel 2) verwendet werden.

	Singular			**Plural**		
	m.	f.	n.	m.	f.	n.
Nominativ	hic	haec	hoc	hī	hae	haec
Genitiv	huius	huius	huius	hōrum	hārum	hōrum
Dativ	huic	huic	huic	hīs	hīs	hīs
Akkusativ	hunc	hanc	hoc	hōs	hās	haec
Ablativ	hōc	hāc	hōc	hīs	hīs	hīs

122 Neutrum Plural des Adjektivs und des Pronomens

(1) **Omnia** mēcum portō. — Ich trage **alle Dinge/alles** bei mir.

(2) Scīto **haec:** — Du sollst **diese Dinge/dies** wissen:

Dir ist schon bekannt, dass Adjektive und Pronomina substantiviert werden können: Rōmānus kann je nach Zusammenhang entweder »römisch« oder »der Römer« bedeuten.

Im Beispielsatz 1 ist omnia ebenso wie haec im Beispielsatz 2 Akkusativ Plural n. Diese Formen lassen sich nicht »wörtlich« ins Deutsche übersetzen. Um deutlich zu machen, dass die Formen im Plural stehen, kannst du »Dinge« (»alle Dinge«; »diese Dinge«) hinzufügen; du kannst die Formen aber auch mit einem Akkusativ **Singular** n. übersetzen (»alles«; »dies«).

Lektion 27

123 Der Infinitiv der Nachzeitigkeit Aktiv/Infinitiv Futur Aktiv

Augustus Iūliam numquam sibi **obtemperātūram (esse)** putat (putāvit).	Augustus glaubt (glaubte), dass Iulia ihm niemals **gehorchen wird** (werde).

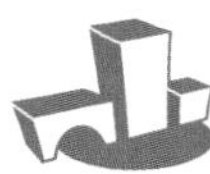

Bildeweise

Der Infinitiv der Nachzeitigkeit Aktiv besteht aus zwei Wörtern, nämlich dem Partizip der Nachzeitigkeit/Partizip Futur Aktiv (PFA) und dem Wort esse.

Das Partizip der Nachzeitigkeit wird vom Partizip der Vorzeitigkeit Passiv (PPP) abgeleitet:

vocāre ➔ vocātus, a, um ➔ vocātūrus, a, um	einer, der rufen wird
terrēre ➔ territus, a, um ➔ territūrus, a, um	einer, der erschrecken wird
audīre ➔ audītus, a, um ➔ audītūrus, a, um	einer, der hören wird
scrībere ➔ scrīptus, a, um ➔ scrīptūrus, a, um	einer, der schreiben wird
capere ➔ captus, a, um ➔ captūrus, a, um	einer, der fangen wird

Von esse heißt das Partizip der Nachzeitigkeit **futūrus, a, um**, der Infinitiv der Nachzeitigkeit also **futūrum, am, um esse**. Anstelle von futūrum, am, um esse kann auch die Form **fore** stehen.

Wie beim Infinitiv der Vorzeitigkeit Passiv steht auch beim Infinitiv der Nachzeitigkeit Aktiv das Partizip in KNG-Kongruenz zu seinem Beziehungswort.

Beim Infinitiv der Nachzeitigkeit Aktiv kann esse auch fehlen. Beim Übersetzen ist esse dann (in Gedanken) zu ergänzen.

Zeitverhältnis

Wie sein Name schon sagt, bezeichnet der Infinitiv der Nachzeitigkeit das Zeitverhältnis der Nachzeitigkeit: In unserem Beispiel glaubt (glaubte) Augustus, dass Iulia ihm (auch) später nicht gehorchen **wird** (werde).

124 ipse, ipsa, ipsum: selbst

Das Pronomen ipse wird meist mit »selbst« übersetzt. Ja nach Zusammenhang kann es manchmal auch anders wiedergegeben werden:

prīnceps ipse	der Kaiser selbst; der Kaiser persönlich; gerade der Kaiser
ipsō sub mūrō	unmittelbar/direkt/gleich am Fuße der Mauer

	Singular			Plural		
	m.	f.	n.	m.	f.	n.
Nominativ	ipse	ipsa	ipsum	ipsī	ipsae	ipsa
Genitiv	ipsīus	ipsīus	ipsīus	ipsōrum	ipsārum	ipsōrum
Dativ	ipsī	ipsī	ipsī	ipsīs	ipsīs	ipsīs
Akkusativ	ipsum	ipsam	ipsum	ipsōs	ipsās	ipsa
Ablativ	ipsō	ipsā	ipsō	ipsīs	ipsīs	ipsīs

125 iste, ista, istud: dieser (da), diese (da), dieses (da); der (da), die (da), das (da)

Augustus gemit: »Ō, ista Iūlia!«	Augustus seufzt: »Oh, diese Iulia (da)!« / »Oh, diese (schreckliche) Iulia!«

Iste wird genauso wie ille, illa, illud dekliniert (vgl. Grammatik Lektion 26, 121.1):

	Singular			Plural		
	m.	f.	n.	m.	f.	n.
Nominativ	iste	ista	istud	istī	istae	ista
Genitiv	istīus	istīus	istīus	istōrum	istārum	istōrum
Dativ	istī	istī	istī	istīs	istīs	istīs
Akkusativ	istum	istam	istud	istōs	istās	ista
Ablativ	istō	istā	istō	istīs	istīs	istīs

Iste, ista, istud ist ebenso wie hic, haec, hoc und ille, illa, illud ein Demonstrativpronomen. Es hat (im Unterschied zu hic und ille) oft einen abwertenden Sinn.

126 Ortsangaben bei Städtenamen und kleinen Inseln

126.1 Auf die Frage »Wohin?« und »Woher?«

Pandāteriam īnsulam īre debēbat.	Sie musste sich **auf die Insel Pandateria** begeben.
Augustus Iūliam **Rōmā** abīre iussit.	Augustus befahl Iulia, **von Rom** fortzugehen.

Auf die Frage »Wohin?« steht bei Städtenamen und kleinen Inseln der bloße Akkusativ.

Auf die Frage »Woher?« steht bei Städtenamen und kleinen Inseln der bloße Ablativ.

126.2 Auf die Frage »Wo?«

Rōmae vīta nōn semper iūcunda est.	**In Rom** ist das Leben nicht immer angenehm.

Auf die Frage »Wo?« steht bei Städtenamen und kleinen Inseln, die zur ā- oder o-Deklination gehören, der sogenannte **Lokativ** (von locus: Ort) (z. B. Rōm**ae**).

Der Lokativ ist ein zusätzlicher, für dich neuer Fall. Er sieht genauso aus wie der Genitiv Singular, endet also entweder auf -**ae** (a-Deklination) oder -ī (o-Deklination).

Bāiīs Iūlia ā L. Vīniciō salūtāta est.	**In Baiae** wurde Iulia von L. Vinicius gegrüßt.

Bei allen anderen Städtenamen und kleinen Inseln steht auf die Frage »Wo?« der ablātīvus locī (z. B. Bāiīs).

Lektion 28

127 Indefinitpronomina

127.1 aliquī, aliqua, aliquod: irgendein, irgendeine, irgendein; *Pl.:* manche, einige

in **aliquō** oppidō — in **irgendeiner** Stadt
aliqua facta ēgregia — **einige** hervorragende Taten

Aliquī, aliqua, aliquod ist ein unbestimmtes Fürwort, ein sogenanntes **Indefinitpronomen**. Es wird wie ein Adjektiv gebraucht und hat außer im Nominativ Singular f. und im Nominativ und Akkusativ Plural n. dieselben Endungen wie das Relativpronomen.

	Singular			Plural		
	m.	f.	n.	m.	f.	n.
Nominativ	aliquī	aliqu**a**	aliquod	aliquī	aliquae	aliqua
Genitiv	alicuius	alicuius	alicuius	ali-quōrum	ali-quārum	ali-quōrum
Dativ	alicui	alicui	alicui	aliquibus	aliquibus	aliquibus
Akkusativ	aliquem	aliquam	aliquod	aliquōs	aliquās	aliqua
Ablativ	aliquō	aliquā	aliquō	aliquibus	aliquibus	aliquibus

127.2 aliquis, aliqua, aliquid: 1. irgendeiner, irgendeine, irgendetwas 2. jemand, etwas

aliquid dīcere — **(irgend)etwas** sagen

Das Indefinitpronomen aliquis, aliqua, aliquid wird wie ein Substantiv gebraucht, das heißt, es steht allein, ohne ein Beziehungswort. Es hat außer im Nominativ Singular f. und n., im Akkusativ Singular n. und im Nominativ und Akkusativ Plural n. dieselben Endungen wie das Relativpronomen.

	Singular			Plural		
	m.	f.	n.	m.	f.	n.
Nominativ	aliquis	aliqua	aliquid	aliquī	aliquae	aliqua
Genitiv	alicuius	alicuius	alicuius	ali-quōrum	ali-quārum	ali-quōrum
Dativ	alicui	alicui	alicui	aliquibus	aliquibus	aliquibus
Akkusativ	aliquem	aliquam	aliquid	aliquōs	aliquās	aliqua
Ablativ	aliquō	aliquā	aliquō	aliquibus	aliquibus	aliquibus

128 Ablātīvus quālitātis

(1) Vārus **ingeniō mītī** erat.	Varus war **von sanftem Wesen.**/Varus hatte ein sanftes Wesen.
(2) Vārus, vir **ingeniō mītī**, exercituī Rōmānō praeerat.	Varus, ein Mann **von sanftem Wesen**, stand an der Spitze des römischen Heeres.

Der Ablativ ingeniō mītī gibt die Eigenschaft oder Beschaffenheit an und antwortet auf die Frage »Von welcher Art/Beschaffenheit?«. Dieser Ablativ heißt in der Fachsprache ablātīvus quālitātis (von quālitās: Eigenschaft).

Im Beispielsatz 1 steht er als Prädikatsnomen zu erat, im Beispielsatz 2 als Attribut zu vir.

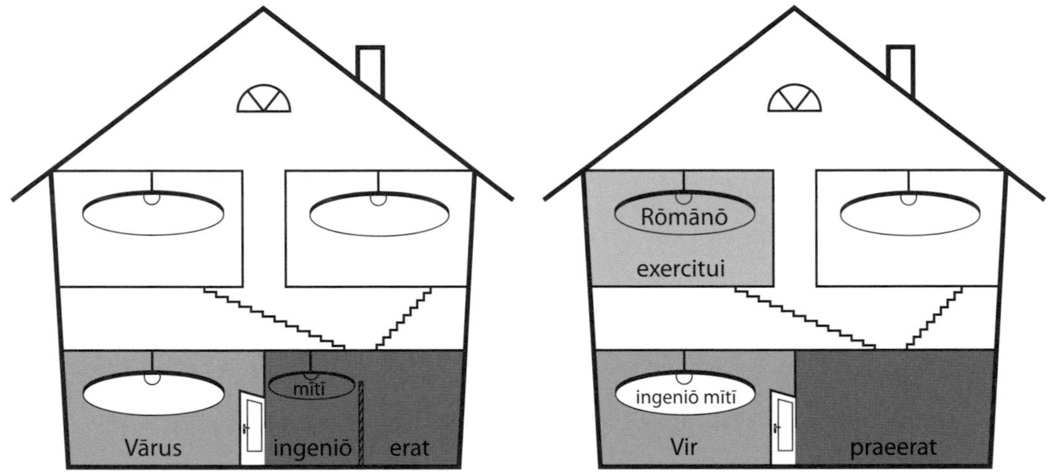

Damit können wir unsere Tabelle der Ablative weiter ergänzen:

Beispiel	Frage	Semantische Funktion	Name des Ablativs in der Fachsprache	Deutscher Name des Ablativs
cum Decimō	Mit wem?	Begleitung	ablātīvus sociātīvus	Ablativ der Begleitung
ē vīllā	Woher?	Trennung	ablātīvus sēparātīvus	Ablativ der Trennung
in hortō	Wo?	Ort	ablātīvus locī	Ablativ des Ortes
māgnō (cum) clāmōre	Wie?/Auf welche Art und Weise?	Art und Weise	ablātīvus modī	Ablativ der Art und Weise

Beispiel	Frage	Semantische Funktion	Name des Ablativs in der Fachsprache	Deutscher Name des Ablativs
virgīs	Womit?	Mittel/Werkzeug	ablātīvus īnstrūmentī	Ablativ des Mittels/Werkzeugs
hōrā tertiā	Wann?	Zeit	ablātīvus temporis	Ablativ der Zeit
superbiā (commōtus)	Warum/Weshalb?	Grund	ablātīvus causae	Ablativ des Grundes
multīs annīs post	(Um) wie viel?	Maß	ablātīvus mēnsūrae	Ablativ des Maßes
numerō (superāre)	In welcher Hinsicht/Beziehung?	Beziehung	ablātīvus respectūs	Ablativ der Beziehung
ingeniō mītī	Von welcher Art/Beschaffenheit?	Eigenschaft/Beschaffenheit	ablātīvus quālitātis	Ablativ der Eigenschaft

129 u-Deklination

exercitus *m.*: Heer		
	Singular	**Plural**
Nominativ	exercit-us	exercit-ūs
Genitiv	exercit-ūs	exercit-uum
Dativ	exercit-uī	exercit-ibus
Akkusativ	exercit-um	exercit-ūs
Ablativ	exercit-ū	exercit-ibus

Die Substantive der u-Deklination sind meistens maskulin.
Ausnahme: manus, ūs *f.*: Hand

exercitus – interitus – metus – manus:
us, ūs, uī, um, ū,
das lernt man gleich im Nu.
ūs, uum, ibus, ūs, ibus,
das ist doch ein grandioser Schluss!

Lektion 29

130 Der ablātīvus absolūtus als Satzglied

Clāmōribus audītīs hominēs in viās ruērunt.	**Nachdem Schreie gehört worden waren,** stürzten die Menschen auf die Straßen.

Der Wortblock clāmōribus audītīs besteht aus einem Substantiv im Ablativ und einem Partizip der Vorzeitigkeit/einem Partizip Perfekt Passiv in KNG-Kongruenz. Dieser Wortblock steht – wie der aci oder das participium coniūnctum – für einen vollständigen Satz, das heißt, er ist »satzwertig«. Bei der Übersetzung mit einem Gliedsatz wird das Substantiv zum Subjekt und das Partizip zum Prädikat dieses Gliedsatzes.

Der Wortblock clāmōribus audītīs steht für sich allein, das heißt, er hat – anders als das participium coniūnctum (vgl. Grammatik Lektion 24, 115.2 und Lektion 26, 120.2) – kein Beziehungswort im Satz. Daher nennt man diese Konstruktion ablātīvus absolūtus, losgelöster Ablativ (von absolūtus: losgelöst).[1] Abkürzung: abl. abs.

Als Satzglied ist der ablātīvus absolūtus eine adverbiale Bestimmung.

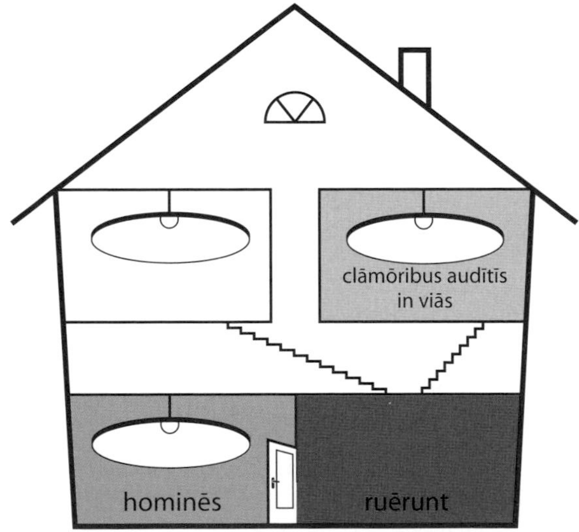

Der ablātīvus absolūtus kann, so wie ein participium coniūnctum, auch erweitert sein, z. B.:

Clāmōribus undique audītīs …	Nachdem von überallher Schreie gehört worden waren …

1 Der ablātīvus absolūtus heißt manchmal auch Ablativ mit Partizip/Ablativ mit Prädikativum (AmP).

Auch hier steht die zusätzliche Angabe meistens zwischen Substantiv und Partizip. Du erinnerst dich sicher, dass man in einem solchen Fall von einer **Klammerstellung** spricht.

131 Übersetzungsmöglichkeiten des ablātīvus absolūtus

Domibus dēlētīs populus in hortīs Nerōnis acceptus est.

Da dēlētīs ein Partizip der **Vorzeitigkeit**/ein Partizip Perfekt **Passiv** ist, musst du bei der Übersetzung an zwei Dinge denken: an die Vorzeitigkeit und an das Passiv. Die Übersetzungsmöglichkeiten ähneln denen des participium coniūnctum (vgl. Grammatik Lektion 24, 115.2).

1. Subjunktionaler Gliedsatz (ist als erster Übersetzungsversuch zu empfehlen):

Nachdem/Weil ihre Häuser zerstört worden waren, wurde die Bevölkerung in den Gärten Neros aufgenommen/fand die Bevölkerung Aufnahme in den Gärten Neros.

2. Beigeordneter (gleichwertiger) Satz:

Die Häuser waren zerstört worden und daraufhin/deshalb fand die Bevölkerung Aufnahme in den Gärten Neros.

3. Präpositionaler Ausdruck (geht nicht immer):

Nach der Zerstörung der Häuser fand die Bevölkerung Aufnahme in den Gärten Neros.

Manchmal kann ein passiver ablātīvus absolūtus auch aktivisch übersetzt werden, und zwar dann, wenn das Partizip und das Prädikat dasselbe »logische« Subjekt haben. Im folgenden Beispielsatz trifft dies auf »populus« zu:

Domibus āmissīs populus ā Nerōne Caesare frūmentō vestibusque dōnātus est.

Nachdem/Weil die Häuser verloren worden waren, wurde die Bevölkerung von Kaiser Nero mit Getreide und Kleidung beschenkt. → Nachdem/Weil sie ihre Häuser verloren hatte, wurde die Bevölkerung von Kaiser Nero mit Getreide und Kleidern beschenkt.

132 Semantische Funktionen (Sinnrichtungen) des ablātīvus absolūtus

Semantische Funktion: temporal

(1) Domibus dēlētīs
populus in hortīs Nerōnis acceptus est.

a) Nachdem die Häuser zerstört worden waren, fand die Bevölkerung Aufnahme in den Gärten Neros.
b) Die Häuser waren zerstört worden und daraufhin fand die Bevölkerung Aufnahme in den Gärten Neros.
c) Nach der Zerstörung der Häuser fand die Bevölkerung Aufnahme in den Gärten Neros.

Der ablātīvus absolūtus antwortet auf die Frage »Wann geschieht/geschah etwas?«

Semantische Funktion: kausal

(2) Domibus dēlētīs
populus in hortīs Nerōnis acceptus est.

a) Weil die Häuser zerstört worden waren, fand die Bevölkerung Aufnahme in den Gärten Neros.
b) Die Häuser waren zerstört worden und deshalb fand die Bevölkerung Aufnahme in den Gärten Neros.
c) Wegen ihrer zerstörten Häuser fand die Bevölkerung Aufnahme in den Gärten Neros.

Der ablātīvus absolūtus antwortet auf die Frage »Warum geschieht/geschah etwas?«

Semantische Funktion: konzessiv

(3) Vigilibus statim advocātīs
diū incendium exstinguī nōn poterat.

a) Obwohl die Feuerwehr sofort herbeigerufen worden war, konnte der Brand lange nicht gelöscht werden.
b) Die Feuerwehr war sofort herbeigerufen worden und trotzdem konnte der Brand lange nicht gelöscht werden.
c) Trotz der sofortigen Mobilisierung der Feuerwehr konnte der Brand lange nicht gelöscht werden.

Der ablātīvus absolūtus antwortet auf die Frage »Welchem Umstand zum Trotz geschieht/geschah etwas?«

Wie beim participium coniūnctum musst du auch beim ablātīvus absolūtus genau überlegen, welcher gedankliche Zusammenhang zwischen dem ablātīvus absolūtus und dem Prädikat besteht. Ist der ablātīvus absolūtus temporal, kausal oder konzessiv aufzufassen?

	temporal	**kausal**	**konzessiv**
Gliedsatz	als/nachdem	weil/da	obwohl/obgleich
Beigeordneter Satz	und dann	und deshalb	und trotzdem/ dennoch
Präpositionaler Ausdruck	nach	wegen/aufgrund von	trotz

Um dir die drei möglichen semantischen Funktionen – temporal, kausal und konzessiv – und die drei möglichen Übersetzungsmöglichkeiten – Gliedsatz, beigeordneter Satz und präpositionaler Ausdruck – des ablātīvus absolūtus zu merken, präg dir folgenden Nonsens-Satz ein (du kannst natürlich auch einen anderen erfinden):

Mit Tempo kau das Konzentrat,
das glitschige, beinharte Präparat!

133 domus, ūs *f.*: Haus

Das Substantiv domus, das zur u-Deklination gehört, ist nicht nur feminin, sondern wird teilweise auch nach der o-Deklination dekliniert. Du musst deshalb seine Deklination eigens auswendig lernen:

	Singular	**Plural**
Nominativ	dom-us	dom-ūs
Genitiv	dom-ūs	dom-ōrum (dom-uum)
Dativ	dom-uī	dom-ibus
Akkusativ	dom-um	dom-ōs (*selten* dom-ūs)
Ablativ	dom-ō	dom-ibus

domī: zu Hause
domum: nach Hause

Lektion 30

134 Der ablātīvus absolūtus der Gleichzeitigkeit

Mīlitibus mūrum **cūstōdientibus** mulierēs domōs cūrābant.

Während die Soldaten den Wall **bewachten**, kümmerten sich die Frauen um die Häuser.

Das Partizip der Gleichzeitigkeit/das Partizip Präsens Aktiv (PPA) kann ebenso wie das Partizip der Vorzeitigkeit/das Partizip Perfekt Passiv (PPP) Bestandteil eines ablātīvus absolūtus (abl. abs.) sein.

Das Partizip der Gleichzeitigkeit drückt auch im abl. abs. die **Gleichzeitigkeit** und ein **aktives** Geschehen aus. Die Übersetzungsmöglichkeiten und semantischen Funktionen sind dieselben wie beim ablātīvus absolūtus mit PPP:

135 Übersetzungsmöglichkeiten des ablātīvus absolūtus der Gleichzeitigkeit

1. Subjunktionaler Gliedsatz (ist als erster Übersetzungsversuch zu empfehlen):

Während/Als die Soldaten den Wall bewachten, kümmerten sich die Frauen um die Häuser.

2. Beigeordneter (gleichwertiger) Satz:

Die Soldaten bewachten den Wall und (währenddessen/gleichzeitig) kümmerten sich die Frauen um die Häuser.

3. Präpositionaler Ausdruck (geht nicht immer):

*Während der Bewachung des Walls durch die Soldaten kümmerten sich die Frauen um die Häuser.

Bei einem abl. abs. der Gleichzeitigkeit ist als erste Übersetzungsmöglichkeit ein subjunktionaler Gliedsatz mit »während« zu empfehlen.

136 Semantische Funktionen (Sinnrichtungen) des ablātīvus absolūtus der Gleichzeitigkeit

Semantische Funktion: temporal

(1) Mīlitibus mūrum cūstōdientibus mulierēs domōs cūrābant.	a) Während die Soldaten den Wall bewachten, kümmerten sich die Frauen um die Häuser. b) Die Soldaten bewachten den Wall und währenddessen/gleichzeitig kümmerten sich die Frauen um die Häuser. c) *Während der Bewachung des Walls durch die Soldaten kümmerten sich die Frauen um die Häuser.

Der ablātīvus absolūtus antwortet auf die Frage »Wann geschieht/geschah etwas?«

Semantische Funktion: kausal

(2) Pictīs quiēscentibus Rōmānī cum aliīs barbarīs mercātūrās faciēbant.	a) Weil die Pikten Ruhe gaben, konnten die Römer mit anderen Barbaren Handel treiben. b) Die Pikten gaben Ruhe und deshalb konnten die Römer mit anderen Barbaren Handel treiben. c) *Wegen der Ruhe der Pikten konnten die Römer mit anderen Barbaren Handel treiben.

Der ablātīvus absolūtus antwortet auf die Frage »Warum geschieht/geschah etwas?«

Semantische Funktion: konzessiv

(3) Mīlitibus mūrum cūstōdientibus Aelius Pictōs timēre nōn dēsinēbat.	a) Obwohl die Soldaten den Wall bewachten, hörte Aelius nicht auf, die Pikten zu fürchten. b) Die Soldaten bewachten den Wall und trotzdem hörte Aelius nicht auf, die Pikten zu fürchten. c) Trotz der Bewachung des Walls durch die Soldaten hörte Aelius nicht auf, die Pikten zu fürchten.

Der ablātīvus absolūtus antwortet auf die Frage »Welchem Umstand zum Trotz geschieht/geschah etwas?«

Wie beim ablātīvus absolūtus der Vorzeitigkeit musst du auch beim ablātīvus absolūtus der Gleichzeitigkeit genau überlegen, welcher gedankliche Zusammenhang zwischen dem abl. abs. und dem Prädikat besteht. Ist der abl. abs. temporal, kausal oder konzessiv aufzufassen?

	temporal	kausal	konzessiv
Gliedsatz	während/als	weil/da	obwohl/obgleich
Beigeordneter Satz	und währenddessen/gleichzeitig	und deshalb	und trotzdem/dennoch
Präpositionaler Ausdruck	während/bei	wegen/aufgrund von	trotz

Du weißt ja schon …:

Mit Tempo kau das Konzentrat,
das glitschige, beinharte Präparat!

137 Ablātīvus absolūtus ohne Substantiv

Mē māgnō cum studiō **labōrante** amīcī in amphitheātrum eunt. — **Während ich** sehr eifrig **arbeite**, gehen meine Freunde ins Amphitheater.

Dieser Satz zeigt dir, dass das zum Partizip gehörende Beziehungswort – hier mē – kein Substantiv sein muss, sondern auch ein Pronomen im Ablativ sein kann.

138 Nominaler ablātīvus absolūtus

Aeliō/Mē duce Pictī ā mīlitibus nostrīs repulsī sunt. — **Unter der Führung des Aelius/Unter meiner Führung** wurden die Pikten von unseren Soldaten zurückgeschlagen.

In diesem Satz haben wir einen Sonderfall: Hier besteht der abl. abs. aus dem Substantiv Aeliō (bzw. dem Pronomen mē) und dem Substantiv duce. Duce ersetzt hier ein Partizip der Gleichzeitigkeit/ein Partizip Präsens Aktiv. Daher drückt duce sowohl die Gleichzeitigkeit wie auch ein aktives Geschehen aus.

In der Fachsprache heißt diese Form des abl. abs. **nominaler ablātīvus absolūtus.**

Vgl. auch: Tarquiniō rēge: als Tarquinius König war ➔ unter/während der Regierung des Tarquinius.

Lektion 32

139 Aussageformen des Verbs (Modi)

(1) Lūcius labōrat. Lucius arbeitet.
(2) Lūcius labōret. Lucius möge/soll arbeiten.
(3) Lūcī, labōrā! Arbeite, Lucius!

Im ersten Beispiel steht die Verbform labōrat im **Indikativ** (Wirklichkeitsform). Deshalb wird eine Tatsache festgestellt. Im zweiten Beispiel steht die Verbform labōret im **Konjunktiv** (Möglichkeitsform). Daher wird hier ein Wunsch/eine Möglichkeit geäußert. Im Beispielssatz 3 steht die Verbform labōrā im **Imperativ**. Daher wird hier ein Befehl ausgedrückt.

Es gibt im Lateinischen ebenso wie im Deutschen drei verschiedene Aussageformen des Verbs: Indikativ, Konjunktiv und Imperativ. Der Oberbegriff für diese drei Begriffe heißt **Modus** (von modus: Art und Weise).

140 Formen des Konjunktiv Präsens/Konjunktiv I der Gleichzeitigkeit

ā-Konjugation	Aktiv	Passiv
1. Pers. Sg.	laude-m	laude-r
2. Pers. Sg.	laudē-s	laudē-ris
3. Pers. Sg.	laude-t	laudē-tur
1. Pers. Pl.	laudē-mus	laudē-mur
2. Pers. Pl.	laudē-tis	laudē-minī
3. Pers. Pl.	laude-nt	laude-ntur
ē-Konjugation	Aktiv	Passiv
1. Pers. Sg.	terre-a-m	terre-a-r
2. Pers. Sg.	terre-ā-s	terre-ā-ris
3. Pers. Sg.	terre-a-t	terre-ā-tur
1. Pers. Pl.	terre-ā-mus	terre-ā-mur
2. Pers. Pl.	terre-ā-tis	terre-ā-minī
3. Pers. Pl.	terre-a-nt	terre-a-ntur

ī-Konjugation	Aktiv	Passiv
1. Pers. Sg.	audi-a-m	audi-a-r
2. Pers. Sg.	audi-ā-s	audi-ā-ris
3. Pers. Sg.	audi-a-t	audi-ā-tur
1. Pers. Pl.	audi-ā-mus	audi-ā-mur
2. Pers. Pl.	audi-ā-tis	audi-ā-minī
3. Pers. Pl.	audi-a-nt	audi-a-ntur
Konsonantische Konjugation	Aktiv	Passiv
1. Pers. Sg.	quaer-a-m	quaer-a-r
2. Pers. Sg.	quaer-ā-s	quaer-ā-ris
3. Pers. Sg.	quaer-a-t	quaer-ā-tur
1. Pers. Pl.	quaer-ā-mus	quaer-ā-mur
2. Pers. Pl.	quaer-ā-tis	quaer-ā-minī
3. Pers. Pl.	quaer-a-nt	quaer-a-ntur
Konsonantische Konjugation mit i-Erweiterung	Aktiv	Passiv
1. Pers. Sg.	cap-i-a-m	cap-i-a-r
2. Pers. Sg.	cap-i-ā-s	cap-i-ā-ris
3. Pers. Sg.	cap-i-a-t	cap-i-ā-tur
1. Pers. Pl.	cap-i-ā-mus	cap-i-ā-mur
2. Pers. Pl.	cap-i-ā-tis	cap-i-ā-minī
3. Pers. Pl.	cap-i-a-nt	cap-i-a-ntur

	esse	prōdesse	posse	īre	ferre
1. Pers. Sg.	si-m	prōsi-m	possi-m	e-a-m	fer-a-m
2. Pers. Sg.	sī-s	prōsī-s	possī-s	e-ā-s	fer-ā-s
3. Pers. Sg.	si-t	prōsi-t	possi-t	e-a-t	fer-a-t
1. Pers. Pl.	sī-mus	prōsī-mus	possī-mus	e-ā-mus	fer-ā-mus
2. Pers. Pl.	sī-tis	prōsī-tis	possī-tis	e-ā-tis	fer-ā-tis
3. Pers. Pl.	si-nt	prōsi-nt	possi-nt	e-a-nt	fer-a-nt

Kennzeichen des Konjunktiv Präsens/Konjunktiv I der Gleichzeitigkeit:
ā-Konjugation: e
alle anderen Konjugationen: a
esse/posse/prōdesse: i

141 Semantische Funktionen des Konjunktiv Präsens/Konjunktiv I der Gleichzeitigkeit

141.1 coniūnctīvus optātīvus

(Utinam) **Adveniat** rēgnum tuum.	Dein Reich **komme**/Dein Reich **möge kommen**.
Nē nōs **indūcās** in tentātiōnem.	**Führe** uns nicht/**Mögest du** uns nicht in Versuchung **führen**.

Der Konjunktiv Präsens/Konjunktiv I der Gleichzeitigkeit bezeichnet hier einen Wunsch, den der Sprecher für erfüllbar hält. Solche Wünsche können auch mit utinam eingeleitet sein. Verneinte Wünsche erkennt man an dem Wörtchen nē.

Dieser Konjunktiv heißt in der Fachsprache **coniūnctīvus optātīvus** (von optāre: wünschen).

Im Deutschen wird ein solcher Wunsch oft mit »mögen« oder »hoffentlich« wiedergegeben.

141.2 coniūnctīvus iussīvus

Fēriae **serventur**.	Die Feiertage **sollen eingehalten werden**.
Servīs male nē **sit**.	Den Sklaven **soll es** nicht schlecht **ergehen**.

In diesen beiden Beispielen drückt die 3. Person Singular/Plural des Konjunktiv Präsens/Konjunktiv I der Gleichzeitigkeit eine ausdrückliche Aufforderung aus. Auch hier bedeutet das Wörtchen nē eine Verneinung. In der Fachsprache wird dieser Konjunktiv als **coniūnctīvus iussīvus** (von iubēre: befehlen) bezeichnet.

Im Deutschen werden diese Aufforderungen mit »sollen« wiedergegeben.

141.3 coniūnctīvus dēlīberātīvus/dubitātīvus

Quid **faciam**? Quid **faciāmus**?	Was soll ich (nur) tun? Was sollen wir (nur) tun?

In diesen Fragen zeigen die 1. Person Singular und die 1. Person Plural des Konjunktiv Präsens/Konjunktiv I der Gleichzeitigkeit eine Überlegung oder einen Zweifel an. Daher heißt dieser Konjunktiv **conīunctīvus dēlīberātīvus** (von dēlīberāre: überlegen) oder **conīunctīvus dubitātīvus** (von dubitāre: zweifeln).

Im Deutschen werden diese Fragen, die Überlegungen oder Zweifel zum Ausdruck bringen, mit »sollen« übersetzt. →

141.4 coniūnctīvus adhortātīvus

(Nē diū) **Cōgitēmus**!	**Lasst uns** (nicht lange) **überlegen**! **Wir wollen** (nicht lange) **überlegen**!

Cōgitēmus enthält eine an die 1. Person Plural, also an die eigene Gruppe, gerichtete Aufforderung. In der Fachsprache trägt dieser Konjunktiv den Namen **coniūnctīvus adhortātīvus** (von adhortārī: auffordern). Verneinte Aufforderungen sind an dem Wörtchen nē zu erkennen.

Den adhortativen Konjunktiv übersetzt du am besten mit »Lasst uns…!«

Konjunktiv Präsens/Konjunktiv I der Gleichzeitigkeit im Hauptsatz:
optātīvus, iussīvus, dēlīberātīvus, adhortātīvus

Lektion 33

142 Konjunktiv Präsens/Konjunktiv I der Gleichzeitigkeit im Gliedsatz

142.1 Finale Objektsätze/Wunschsätze[1]

(1) Rogō tē, **ut** hominem **investīgēs**.	Ich bitte dich, **dass du** den Mann **ausfindig machst**/den Mann ausfindig zu machen.
(2) Cūrā autem, **nē** Licinius rūrsus **aufugiat**.	Sorge aber dafür, **dass** Licinius **nicht** wieder **entflieht**.

Der Konjunktiv Präsens/Konjunktiv I der Gleichzeitigkeit drückt in den – durch ut oder nē eingeleiteten – Gliedsätzen einen Wunsch aus. Beide Gliedsätze haben die Funktion eines Objekts: (1) Was erbitte ich von dir? – Dass du den Mann ausfindig machst. (2) Wofür sollst du sorgen? – Dafür, dass Licinius nicht wieder entflieht. Diese Sätze werden in der Fachsprache als **finale Objektsätze** bezeichnet.

Diese lateinischen Gliedsätze stehen im Konjunktiv, die deutschen Übersetzungen meist im Indikativ. Manchmal, so wie in Beispiel 1, kannst du den Gliedsatz auch mit einem Infinitiv mit »zu« übersetzen.

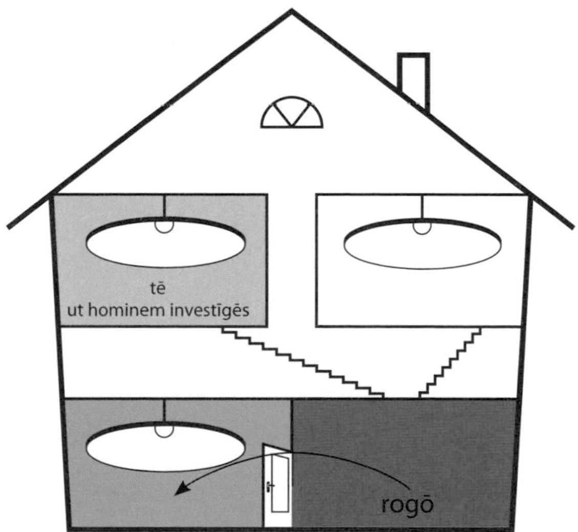

1 Wunschsätze werden auch als Optativsätze bezeichnet.

timēre, nē

Plīnius timet, **nē** Zōsimus morbō gravī vexētur.	Plinius fürchtet, **dass** Zosimus an einer schweren Krankheit leidet.

Nē wird hier mit »dass« übersetzt. Warum das so ist, kannst du dir so klar machen: Plinius wünscht sich, dass Zosimus **nicht** schwer krank ist, aber er befürchtet es.

Im Deutschen wird der lateinische Konjunktiv nach timēre, nē meist mit Indikativ wiedergegeben.

timēre, nē; timēre, ut

Plīnius timet, **nē** Zōsimus morbō gravī vexētur.	Plinius fürchtet, **dass** Zosimus an einer schweren Krankheit leidet.
Zōsimus timet, **ut** carmina legere possit.	Zosimus fürchtet, **dass** er die Gedichte **nicht** (mehr) vorlesen kann//dass er keine Gedichte (mehr) vorlesen kann.

timēre, nē: fürchten, dass
timēre, ut: fürchten, dass nicht

142.2 Finale Adverbialsätze/Final- oder Zwecksätze

(1) Plīnius Zōsimum in praedia amīcī mittit, **ut** lībertus sē **recreet**.	Plinius schickt Zosimus auf die Landgüter eines Freundes, **damit** der Freigelassene wieder **zu Kräften kommt**.
(2) Paulus Onēsimum remittit, **nē** Philēmō īrātus **sit**.	Paulus schickt Onesimus zurück, **damit** Philemon **nicht** böse **ist**.
(3) Paulus Onēsimum remittit, **ut** Philēmōnem **dēlectet**.	Paulus schickt Onesimus zurück, **damit er** Philemon **eine Freude macht** → um Philemon eine Freude zu machen.

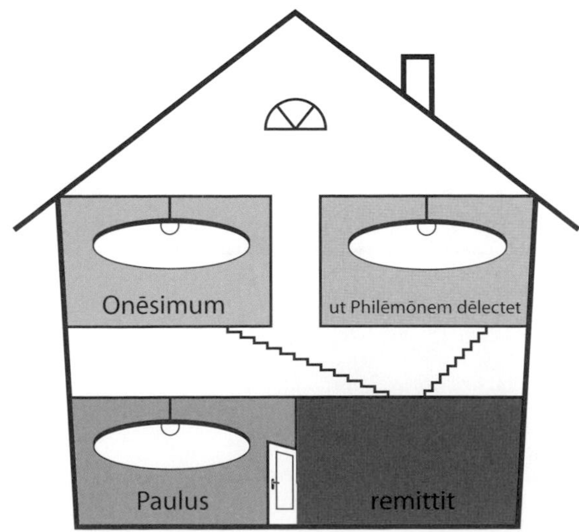

Die mit dem Konjunktiv verbundenen Subjunktionen ut und nē leiten hier Gliedsätze ein, die einen Zweck oder eine Absicht zum Ausdruck bringen. Die Gliedsätze haben die Funktion einer adverbialen Bestimmung: (1) In welcher Absicht schickt Plinius Zosimus auf die Landgüter eines Freundes? – Damit er wieder zu Kräften kommt. (2) In welcher Absicht schickt Paulus Onesimus zurück? Damit Philemon nicht böse ist. Diese Sätze werden in der Fachsprache als **finale Adverbialsätze/Finalsätze** (von fīnis: Ziel, Zweck) bezeichnet.

Deutsche Finalsätze stehen meist im Indikativ. Wenn wie in (3) das Subjekt des Hauptsatzes und des Gliedsatzes gleich sind, wird der lateinische Finalsatz im Deutschen mit um zu + Infinitiv übersetzt.

142.3 Konsekutivsätze

(1) Zōsimus tam bene legit, **ut** ā Plīniō saepe **laudētur**.	Zosimus liest so gut vor, **dass er** von Plinius oft **gelobt wird**.
(2) Zōsimus tam modestus est, **ut** multīs rēbus illī opus nōn **sit**.	Zosimus ist so bescheiden, **dass** er nicht viele Dinge **braucht**.

Die Gliedsätze, die hier durch ut mit Konjunktiv eingeleitet sind, geben eine Folge an. (1) Was ist die Folge davon, dass Zosimus so gut vorliest? – Dass er von Plinius oft gelobt wird. (2) Was ist die Folge davon, dass Zosimus so bescheiden ist? – Dass er nicht viele Dinge braucht.

In der Fachsprache heißen diese Sätze **Konsekutivsätze** (von cōnsecūtiō: Folge).

Deutsche Konsekutivsätze stehen im Indikativ.

143 Gliedsätze im Konjunktiv (Übersicht 1)

		Subjunktion	Name des Gliedsatzes
Optō, ut (nē) veniās.	Ich wünsche, dass du (nicht) kommst.	ut/nē	Finaler Objektsatz/ Wunschsatz
Labōrat, ut laudētur.	Er arbeitet, damit er gelobt wird/um gelobt zu werden.	ut/nē	Finaler Adverbialsatz/ Finalsatz/Zwecksatz
Labōrat, nē vituperētur.	Er arbeitet, damit er nicht getadelt wird/um nicht getadelt zu werden.		
Zōsimus tam bene legit, ut ā Plīniō saepe laudētur.	Zosimus liest so gut vor, dass er von Plinius oft gelobt wird.	ut/ut nōn	Konsekutiver Adverbialsatz/Konsekutivsatz
Zōsimus tam modestus est, ut multīs rēbus illī opus nōn sit.	Zosimus ist so bescheiden, dass er nicht viele Dinge braucht.		

Lektion 34

144 Formen des Konjunktiv Imperfekt/Konjunktiv II der Gleichzeitigkeit

ā-Konjugation	Aktiv	Passiv
1. Pers. Sg.	laudā-re-m	laudā-re-r
2. Pers. Sg.	laudā-rē-s	laudā-rē-ris
3. Pers. Sg.	laudā-re-t	laudā-rē-tur
1. Pers. Pl.	laudā-rē-mus	laudā-rē-mur
2. Pers. Pl.	laudā-rē-tis	laudā-rē-minī
3. Pers. Pl.	laudā-re-nt	laudā-re-ntur

ē-Konjugation	Aktiv	Passiv
1. Pers. Sg.	terrē-re-m	terrē-re-r
2. Pers. Sg.	terrē-rē-s	terrē-rē-ris
3. Pers. Sg.	terrē-re-t	terrē-rē-tur
1. Pers. Pl.	terrē-rē-mus	terrē-rē-mur
2. Pers. Pl.	terrē-rē-tis	terrē-rē-minī
3. Pers. Pl.	terrē-re-nt	terrē-re-ntur

ī-Konjugation	Aktiv	Passiv
1. Pers. Sg.	audī-re-m	audī-re-r
2. Pers. Sg.	audī-rē-s	audī-rē-ris
3. Pers. Sg.	audī-re-t	audī-rē-tur
1. Pers. Pl.	audī-rē-mus	audī-rē-mur
2. Pers. Pl.	audī-rē-tis	audī-rē-minī
3. Pers. Pl.	audī-re-nt	audī-re-ntur

Konsonantische Konjugation	Aktiv	Passiv
1. Pers. Sg.	quaere-re-m	quaere-re-r
2. Pers. Sg.	quaere-rē-s	quaere-rē-ris
3. Pers. Sg.	quaere-re-t	quaere-rē-tur
1. Pers. Pl.	quaere-rē-mus	quaere-rē-mur
2. Pers. Pl.	quaere-rē-tis	quaere-rē-minī
3. Pers. Pl.	quaere-re-nt	quaere-re-ntur

Konsonantische Konjugation mit i-Erweiterung	Aktiv	Passiv
1. Pers. Sg.	cape-re-m	cape-re-r
2. Pers. Sg.	cape-rē-s	cape-rē-ris
3. Pers. Sg.	cape-re-t	cape-rē-tur
1. Pers. Pl.	cape-rē-mus	cape-rē-mur
2. Pers. Pl.	cape-rē-tis	cape-rē-minī
3. Pers. Pl.	cape-re-nt	cape-re-ntur

	esse	prōdesse	posse	īre	ferre
1. Pers. Sg.	essem	prōdessem	possem	īrem	ferrem
2. Pers. Sg.	essēs	prōdessēs	possēs	īrēs	ferrēs
3. Pers. Sg.	esset	prōdesset	posset	īret	ferret
1. Pers. Pl.	essēmus	prōdessēmus	possēmus	īrēmus	ferrēmus
2. Pers. Pl.	essētis	prōdessētis	possētis	īrētis	ferrētis
3. Pers. Pl.	essent	prōdessent	possent	īrent	ferrent

Kennzeichen des Konjunktiv Imperfekt/Konjunktiv II der Gleichzeitigkeit: -re-

Eselsbrücke zum Lernen der Formen des Konjunktiv Imperfekt/Konjunktiv II der Gleichzeitigkeit: Infinitiv Präsens Aktiv + Personalendungen

laudā-re-m – terrē-re-m – audī-re-m – quaere-re-m – cape-re-m
laudā-re-m – terrē-re-m – audī-re-m – quaere-re-m – cape-re-m:
Der Konjunktiv II der Gleichzeitigkeit ist überhaupt nicht schwer;
er kommt wie ein Infinitiv mit Personalendung daher.

145 Funktion des Konjunktiv Imperfekt/Konjunktiv II der Gleichzeitigkeit

(1) Plīnius officia tantā dīligentiā implēvit /implēbat (implēverat), ut ab omnibus **laudārētur**.	Plinius erfüllte (hatte … erfüllt) seine Pflichten mit so großer Sorgfalt, dass **er** von allen **gelobt wurde**.
(2) Trāiānus imperātor Plīnium monuit/ monēbat (monuerat), nē Chrīstiānōs **investīgāret**.	Kaiser Trajan mahnte (hatte gemahnt) Plinius, dass er nicht nach den Christen **suchen solle** → nicht nach den Christen zu suchen.

In Beispiel 1 steht der Konjunktiv Imperfekt/Konjunktiv II der Gleichzeitigkeit in einem Konsekutivsatz; dieser ist von einem Hauptsatz, dessen Prädikat in einem Vergangenheitstempus steht, abhängig. Der Konjunktiv II der Gleichzeitigkeit bezeichnet, wie sein Name sagt, die Gleichzeitigkeit. In einem Konsekutivsatz wird er bei der deutschen Übersetzung durch den Indikativ wiedergegeben.

In Beispiel 2 steht der Konjunktiv Imperfekt/Konjunktiv II der Gleichzeitigkeit in einem finalen Objektsatz/Wunschsatz; dieser ist von einem Hauptsatz, dessen Prädikat in einem Vergangenheitstempus steht, abhängig. Der Konjunktiv bezeichnet auch hier die Gleichzeitigkeit.

Der lateinische Konjunktiv II wird bei der deutschen Übersetzung meist durch den Konjunktiv I wiedergegeben. In unserem Beispiel ist es eleganter, den lateinischen finalen Objektsatz/Wunschsatz durch einen Infinitiv mit »zu« zu übersetzen.

146 Indirekte Fragesätze

(1a) Plīnius ancillās interrogat: »Vōsne Chrīstiānae estis?«	Plinius fragt die Dienerinnen: »Seid ihr Christinnen?«
(1b) Plīnius ancillās interrogat, Chrīstiānae**ne sint**/ **num** Chrīstiānae **sint**.	Plinius fragt die Dienerinnen, **ob** sie Christinnen **sind/seien**.
(2a) Interrogat etiam: »Quō modō vīvitis?«	Er fragt auch: »Wie lebt ihr?«
(2b) Interrogat etiam, **quō modō vīvant**.	Er fragt auch, **wie sie leb(t)en**.

In den Beispielsätzen 1a und 2a stellt Plinius, wie die Anführungszeichen und das Fragezeichen zeigen, seine Fragen direkt an die Dienerinnen. Diese Fragen sind selbstständige Hauptsätze und **direkte Fragesätze**.

In den Beispielsätzen 1b und 2b richten sich die Fragen nicht mehr unmittelbar an ein Gegenüber, sondern werden durch ein Verb des Fragens eingeleitet und sind zu Gliedsätzen geworden. Da sie von einem übergeordneten

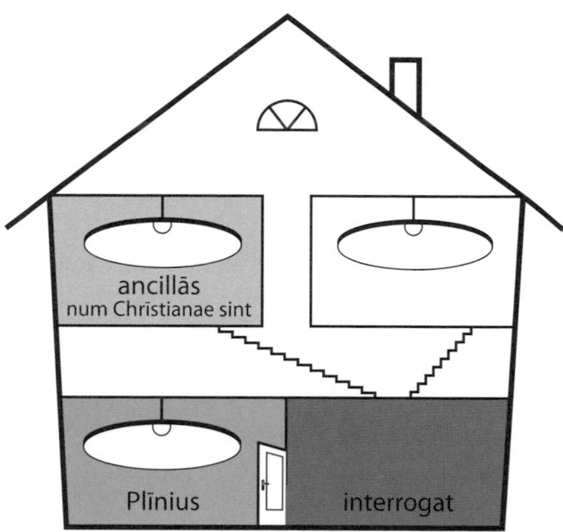

Prädikat abhängig sind, heißen diese Sätze in der Fachsprache **abhängige** oder **indirekte Fragesätze**.

Indirekte Fragen erkennt man daran, dass sie ebenso wie die direkten Fragen entweder durch eine Fragepartikel (-ne oder num in der Bedeutung »ob«) oder durch ein Interrogativpronomen (z. B. quō [modō]) eingeleitet sind und außerdem im Konjunktiv stehen.

Der Konjunktiv I der Gleichzeitigkeit zeigt an, dass zwischen dem indirekten Fragesatz und dem übergeordneten Satz das Zeitverhältnis der Gleichzeitigkeit besteht. Der Konjunktiv I der Gleichzeitigkeit steht dann, wenn das Prädikat des übergeordneten Satzes im Präsens oder im Futur I steht.

Als Satzglied ist der indirekte Fragesatz ein Akkusativobjekt.

(3a) Plīnius ancillās interrogāvit/interrogābat/interrogāverat, num Chrīstiānae **essent**.	Plinius fragte die Dienerinnen (hatte … gefragt), ob sie Christinnen **seien**.
(3b) Interrogāvit/interrogābat/interrogāverat etiam, quō modō **vīverent**.	Er fragte auch (hatte … gefragt), **wie sie leben (würden)/lebten**.

Der Konjunktiv II der Gleichzeitigkeit zeigt an, dass zwischen dem indirekten Fragesatz und dem übergeordneten Satz das Zeitverhältnis der Gleichzeitigkeit besteht. Er steht dann, wenn das Prädikat des übergeordneten Satzes in einem Vergangenheitstempus (Perfekt, Imperfekt oder Plusquamperfekt) steht.

Der lateinische Konjunktiv II der Gleichzeitigkeit wird hier meist mit dem deutschen Konjunktiv I übersetzt. Wenn der deutsche Konjunktiv I dieselbe Form hat wie der Indikativ, kann er durch den Konjunktiv II ersetzt werden.

147 cum causāle

Plīnius, cum **dubitet**, imperātōrem adit.	Weil Plinius **zweifelt**, wendet er sich an den Kaiser.
Plīnius, cum **dubitāret**, imperātōrem adiit.	Weil Plinius **zweifelte**, wendete er sich an den Kaiser.

Die mit dem Konjunktiv verbundene Subjunktion cum leitet einen Kausalsatz ein. Dieses cum heißt **cum causāle** (von causa: Grund, Ursache). Der lateinische Konjunktiv wird hier immer mit dem deutschen Indikativ übersetzt.

148 Gliedsätze im Konjunktiv (Übersicht 2)

		Subjunktion	Name des Gliedsatzes
Optō, ut (nē) veniās.	Ich wünsche, dass du (nicht) kommst.	ut/nē	Finaler Objektsatz/Wunschsatz
Labōrat, ut laudētur.	Er arbeitet, damit er gelobt wird/um gelobt zu werden.	ut/nē	Finaler Adverbialsatz/Finalsatz/Zwecksatz
Labōrat, nē vituperētur.	Er arbeitet, damit er nicht getadelt wird/um nicht getadelt zu werden.		
Zōsimus tam bene legit, ut ā Plīniō saepe laudētur.	Zosimus liest so gut vor, dass er von Plinius oft gelobt wird.	ut/ut nōn	Konsekutiver Adverbialsatz/Konsekutivsatz
Zōsimus tam modestus est, ut multīs rēbus illī opus nōn sit.	Zosimus ist so bescheiden, dass er nicht viele Dinge braucht.		
Plīnius ancillās interrogat, num Chrīstiānae sint/quō modō vīvant.	Plinius fragt die Dienerinnen, ob sie Christinnen seien/wie sie leben.	Fragepartikel/Interrogativpronomen	Abhängiger/Indirekter Fragesatz
Zōsimus, cum aeger esset, in praedia amīcī missus est.	Weil Zosimus krank war, wurde er auf die Landgüter eines Freundes geschickt.	cum	Kausalsatz

Lektion 35

149 Adjektive der Mischdeklination 2 (konsonantische Deklination)

vetus, veteris: alt
dīves, dīvitis: reich
pauper, pauperis: arm

Diese Adjektive gehören zur konsonantischen Deklination. Sie haben deshalb

im Ablativ Singular	die Endung -e:	vetere, dīvite, paupere
im Genitiv Plural	die Endung -um:	veterum, dīvitum, pauperum
im Nominativ und Akkusativ Plural n.	die Endung -a:	vetera, dīvita, paupera

Es gibt ganz wenige Adjektive der konsonantischen Deklination. Es genügt, wenn du dir diese drei merkst.

vetus, veteris – pauper, pauperis – dīves, dīvitis,
vetus, veteris – pauper, pauperis – dīves, dīvitis,
vetus: alt und pauper: arm und dīves: reich
Merk dir e, um und a sogleich.
So schnell geht das, jetzt kannst du sie schon,
die Adjektive der konsonantischen Deklination.

150 Funktion des Konjunktiv Plusquamperfekt/Konjunktiv II der Vorzeitigkeit

(1) Licinius servus, cum **aufūgisset**, ab Aesōpō dominō quaesitus est.	Weil der Sklave Licinius **entflohen war**, wurde er von seinem Herrn Aesopus gesucht.
(2) Plīnius Trāiānum imperātōrem interrogāvit (interrogābat/ interrogāverat), num bene **fēcisset**.	Plinius fragte den Kaiser Trajan (hatte … gefragt), ob **er** richtig **gehandelt hatte/ habe**.

Im Beispielsatz 1 steht aufūgisset, das Prädikat des Gliedsatzes, im Konjunktiv Plusquamperfekt/Konjunktiv II der Vorzeitigkeit und bezeichnet, wie sein Name sagt, die Vorzeitigkeit zum Prädikat des Hauptsatzes.

In einem Kausalsatz wird der lateinische Konjunktiv II der Vorzeitigkeit bei der deutschen Übersetzung durch den Indikativ Plusquamperfekt wiedergegeben.

Im Beispielsatz 2 steht fēcisset, das Prädikat des Gliedsatzes, ebenfalls im Konjunktiv Plusquamperfekt/Konjunktiv II der Vorzeitigkeit und bezeichnet auch hier die Vorzeitigkeit zum Prädikat des Hauptsatzes.

In einem indirekten/abhängigen Fragesatz wird der lateinische Konjunktiv II der Vorzeitigkeit bei der deutschen Übersetzung durch den Indikativ Plusquamperfekt wiedergegeben. Eleganter ist allerdings der Konjunktiv.

151 Der Konjunktiv Plusquamperfekt/Konjunktiv II der Vorzeitigkeit als Irrealis der Vergangenheit

(1) Sī tacēs, philosophus manēs.	Wenn du schweigst, bleibst du ein Philosoph.
(2a) Sī tacuissēs, philosophus mānsissēs.	Wenn du geschwiegen hättest, wärst du ein Philosoph geblieben.
(2b) Nisī mē vīsitāvissēs, maestus fuissem.	Wenn du mich nicht besucht hättest, wäre ich traurig gewesen.

Der Indikativ im Beispielsatz 1 zeigt an, dass sowohl der Inhalt des Bedingungs-/Konditionalsatzes wie auch des Hauptsatzes als Tatsache gesehen werden.

Anders ist der Fall in den Beispielsätzen 2a und 2b: Hier zeigt der Konjunktiv Plusquamperfekt/Konjunktiv II der Vorzeitigkeit an, dass etwas **hätte sein können,** was aber nicht eingetreten ist: In Wirklichkeit hast du nicht geschwiegen, und deshalb giltst du auch nicht mehr als Philosoph. Weder die gedachte Bedingung (»wenn x gewesen wäre«) noch die gedachte Schlussfolgerung (»dann wäre y eingetreten«) decken sich mit dem, was tatsächlich passiert ist. In der Fachsprache heißt dieser Konjunktiv Plusquamperfekt/Konjunktiv II der Vorzeitigkeit daher **Irrealis der Vergangenheit** (von irreālis: unwirklich).

Im konditionalen Satzgefüge wird dieser lateinische Konjunktiv bei der deutschen Übersetzung sowohl im Glied- wie auch im Hauptsatz durch den Konjunktiv II wiedergegeben.

152 Formen des Konjunktiv Plusquamperfekt/Konjunktiv II der Vorzeitigkeit

	Aktiv	Passiv
1. Person Singular	laudāv-isse-m	laudātus, a, um essem
2. Person Singular	laudāv-issē-s	laudātus, a, um essēs
3. Person Singular	laudāv-isse-t	laudātus, a, um esset
1. Person Plural	laudāv-issē-mus	laudātī, ae, a essēmus
2. Person Plural	laudāv-issē-tis	laudātī, ae, a essētis
3. Person Plural	laudāv-isse-nt	laudātī, ae, a essent

Bildeweisen des Konjunktiv Plusquamperfekt Aktiv/Konjunktiv II der Vorzeitigkeit Aktiv

		Perfektstamm	Konjunktiv Plusquamperfekt Aktiv
v-Perfekt	laudāre ➔	laudāv-	laudāv-isse-m
u-Perfekt	terrēre ➔	terru-	terru-isse-m
s-Perfekt	iubēre ➔	iuss-	iuss-isse-m
Dehnungsperfekt	venire ➔	vēn-	vēn-isse-m
Stammperfekt	dēscendere ➔	dēscend-	dēscend-isse-m
Reduplikationsperfekt	dare ➔	ded-	ded-isse-m
anderer Stamm	esse ➔	fu-	fu-isse-m
	prōdesse ➔	prōfu-	prōfu-isse-m
	posse ➔	potu-	potu-isse-m
	īre ➔	i-	i-isse-m/īsse-m
	ferre ➔	tul-	tul-isse-m

	esse	prōdesse	posse	īre	ferre
1. Person Singular	fuissem	prōfuissem	potuissem	iissem/ īssem	tulissem
2. Person Singular	fuissēs	prōfuissēs	potuissēs	iissēs/īssēs	tulissēs
3. Person Singular	fuisset	prōfuisset	potuisset	iisset/īsset	tulisset
1. Person Plural	fuissēmus	prōfuissē-mus	potuissē-mus	iissēmus/ īssēmus	tulissēmus
2. Person Plural	fuissētis	prōfuissētis	potuissētis	iissētis/ īssētis	tulissētis
3. Person Plural	fuissent	prōfuissent	potuissent	iissent/ īssent	tulissent

Bildeweise des Konjunktiv Plusquamperfekt/Konjunktiv II der Vorzeitigkeit Aktiv: Perfektstamm + -issem, -issēs, -isset, -issēmus, -issētis, -issent

Bildeweise des Konjunktiv Plusquamperfekt/Konjunktiv II der Vorzeitigkeit Passiv: Partizip Perfekt Passiv (PPP) + Konjunktiv Imperfekt/Konjunktiv II der Gleichzeitigkeit von esse

153 Die Subjunktion cum (Übersicht)

153.1 cum mit Indikativ

(1) Cum urbs ārsit, Nerō Rōmae nōn fuit.
Als die Stadt brannte, war Nero nicht in Rom.

(2) Nioba per viās urbis ībat, cum (subitō) Thēbānās Lātōnae deae immolāre vīdit.
Nioba ging durch die Straßen der Stadt, als sie (plötzlich) sah, dass die Thebanerinnen der Göttin Latona opferten.

(3) Narcissus, cum nympha eum tangere cupiēbat, in fugam sē dabat.
Immer wenn die Nymphe ihn berühren wollte, ergriff Narcisssus die Flucht.

cum: als	cum temporāle (von tempus: Zeit)	Dieses cum gibt den genauen Zeitpunkt an.
cum: als (plötzlich)	cum inversum (von inversus: umgekehrt)	Das wichtigere Ereignis steht im Gliedsatz, die Bedeutung von Haupt- und Gliedsatz ist also »umgekehrt«.
cum: immer wenn	cum iterātīvum (von iterāre: wiederholen)	Durch dieses cum werden wiederholte Vorgänge angezeigt.

153.2 cum mit Konjunktiv

(1) Cum Gallī urbem Rōmam expūgnāvissent, cīvēs Vēiōs cōnfūgērunt.
Als/Nachdem die Gallier die Stadt Rom erobert hatten, flohen die Bürger nach Veii.

(2) Licinius servus, cum aufūgisset, ā dominō quaesitus est.
Weil der Sklave Licinius entflohen war, wurde er von seinem Herrn gesucht.

(3) Chrīstiānī, cum innocentēs essent, damnātī sunt.
Obwohl die Christen unschuldig waren, wurden sie verurteilt.

cum: als, nachdem	cum nārrātīvum (von nārrāre: erzählen)
cum: weil	cum causāle (von causa: Grund, Ursache)
cum: obwohl	cum concessīvum (von concessiō: Zugeständnis, »Gegengrund«)

Wenn dir das Wörtchen cum begegnet, prüfe zuerst, ob es als Präposition oder als Subjunktion verwendet ist.
Wenn du einen zugehörigen Ablativ findest, steht cum als Präposition in der Bedeutung »mit«.
Ist cum nicht mit einem Ablativ verbunden, ist es eine Subjunktion. Dann musst du prüfen, ob der Gliedsatz im Indikativ oder Konjunktiv steht.
Als Einleitung eines indikativischen Gliedsatzes bedeutet cum entweder »als (plötzlich)« oder »immer wenn«. Leitet cum einen konjunktivischen Gliedsatz ein, musst du dir den Zusammenhang anschauen, damit du entscheiden kannst, ob ein temporaler (»als/nachdem«), kausaler (»weil«) oder konzessiver (»obwohl«) Sinn vorliegt.

*

	+ Abl.: mit
cum	+ Indikativ: als; als plötzlich; immer wenn
	+ Konjunktiv: als, nachdem; weil; obwohl

154 Gliedsätze im Konjunktiv (Übersicht 3)

		Subjunktion	Name des Gliedsatzes
Optō, ut (nē) veniās.	Ich wünsche, dass du (nicht) kommst.	ut/nē	Finaler Objektsatz/Wunschsatz
Labōrat, ut laudētur.	Er arbeitet, damit er gelobt wird/um gelobt zu werden.	ut/nē	Finaler Adverbialsatz/Finalsatz/Zwecksatz
Labōrat, nē vituperētur.	Er arbeitet, damit er nicht getadelt wird/um nicht getadelt zu werden.		
Zōsimus tam bene legit, ut ā Plīniō saepe laudētur.	Zosimus liest so gut vor, dass er von Plinius oft gelobt wird.	ut/ut nōn	Konsekutiver Adverbialsatz/Konsekutivsatz
Zōsimus tam modestus est, ut multīs rēbus illī opus nōn sit.	Zosimus ist so bescheiden, dass er nicht viele Dinge braucht.		

		Subjunktion	Name des Gliedsatzes
Plīnius ancillās interrogat, num Chrīstiānae sint/ quō modō vīvant.	Plinius fragt die Dienerinnen, ob sie Christinnen seien/wie sie leben.	Fragepartikel/Interrogativpronomen	Abhängiger/Indirekter Fragesatz
Sī tacuissēs, philosophus mānsissēs.	Wenn du geschwiegen hättest, wärst du ein Philosoph geblieben.	sī/nisī	Irrealer Konditionalsatz der Vergangenheit
Nisī mē vīsitāvissēs, maestus fuissem.	Wenn du mich nicht besucht hättest, wäre ich traurig gewesen.		
Cum Gallī urbem Rōmam expūgnāvissent, cīvēs Vēiōs cōnfūgērunt.	Als/Nachdem die Gallier die Stadt Rom erobert hatten, flohen die Bürger nach Veii.	cum	Temporalsatz
Zōsimus, cum aeger esset, in praedia amīcī missus est.	Weil Zosimus krank war, wurde er auf die Landgüter eines Freundes geschickt.	cum	Kausalsatz
Chrīstiānī, cum innocentēs essent, damnātī sunt.	Obwohl die Christen unschuldig waren, wurden sie verurteilt.	cum	Konzessivsatz

155 Sprachbetrachtung

Plīnius eōs, quī, cum captī essent, sē Chrīstiānōs esse aut fuisse negābant, dīmīsit.

Bei einem so komplexen Satzgefüge wie diesem kann es hilfreich sein, sich den Aufbau des Satzes grafisch zu verdeutlichen.

155.1 »Kästchen-Methode«

Bei der sogenannten »Kästchen-Methode« sind die Satzzeichen eine wesentliche Gliederungshilfe: Bei jedem neuen Komma wird ein Kästchen geöffnet oder geschlossen.

Dabei erhält jedes Teilstück eines Haupt- oder Gliedsatzes ein eigenes Kästchen. Der Hauptsatz steht auf der obersten Linie (»Hauptsatzlinie«), ein Gliedsatz 1. Grades steht eine Linie, ein Gliedsatz 2. Grades steht zwei Linien darunter (usw.). Da Haupt- und Gliedsätze unterbrochen sein können, kann es für einen einzigen Haupt- oder Gliedsatz mehrere Kästchen geben; diese stehen dann aber alle auf einer Linie und man kann auf einen Blick erkennen, dass sie zusammengehören.

Das klingt kompliziert – ist es aber nicht! Wir zeigen es dir hier Schritt für Schritt am Beispielsatz:

Bei der Analyse hält man sich an den vorgegebenen Satzablauf.

»Plīnius eōs« muss, da dieses Teilstück durch keine Subjunktion, kein Relativpronomen und kein Interrogativpronomen eingeleitet ist, Teil des Hauptsatzes sein:

HS Plīnius eōs,

Nach dem Komma folgt, zu erkennen am Relativpronomen quī, ein Gliedsatz:

HS Plīnius eōs,
GS 1 quī,

Dieser Gliedsatz ist durch einen weiteren Gliedsatz, eingeleitet durch die Subjunktion cum, unterbrochen; er wird nach dem Komma hinter essent fortgesetzt:

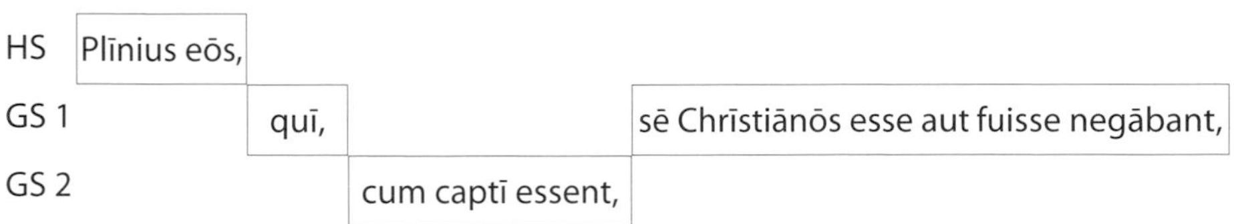

Nach dem Komma hinter negābant folgt endlich der Rest des Hauptsatzes:

Nun überprüfen wir, ob es in diesem Satz satzwertige Konstruktionen, also aci, ablātīvī absolūtī oder participia coniūncta, gibt:

Der Relativsatz enthält mit »sē Chrīstiānōs esse aut fuisse« einen aci. Damit man den aci auf einen Blick sieht, kann man ihn durch das Symbol ▱ ersetzen:

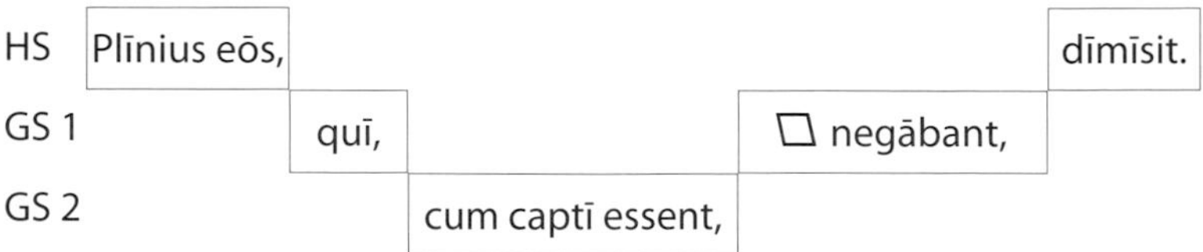

Auch für die anderen satzwertigen Konstruktionen kann man Symbole verwenden:

▽ abl. abs.

△ participum coniūnctum

155.2 »Einrück-Methode«

Bei der sogenannten »Einrück-Methode« werden Haupt-, Gliedsätze, satzwertige Konstruktionen und gleiche Strukturen zeilenweise untereinander geschrieben. Dabei werden die neuen Elemente jeweils nach rechts eingerückt, wobei Zusammengehöriges untereinander in eine Spalte geschrieben wird. Wie bei der »Kästchen-Methode« kannst du dich auch hier an den Satzzeichen orientieren. Bei der Analyse hält man sich wieder an den vorgegebenen Satzablauf:

»Plīnius eōs« muss, da dieses Teilstück durch keine Subjunktion, kein Relativpronomen und kein Interrogativpronomen eingeleitet ist, Teil des Hauptsatzes sein:

HS
Plīnius eōs,

Nach dem Komma folgt, zu erkennen am Relativpronomen quī, ein Gliedsatz:

HS	GS 1
Plīnius eōs,	
	quī,

Dieser Gliedsatz ist durch einen weiteren Gliedsatz, eingeleitet durch die Subjunktion cum, unterbrochen; er wird nach dem Komma hinter essent fortgesetzt. In dem quī-Satz sind esse und fuisse gleichgeordnet und werden deshalb untereinander gesetzt:

HS	GS 1		GS 2
Plīnius eōs,			
	quī,		
			cum captī essent,
	sē Chrīstiānōs	esse aut	
		fuisse negābant,	

Nach dem Komma hinter negābant folgt der Rest des Hauptsatzes:

HS	GS 1		GS 2
Plīnius eōs,			
	quī,		
			cum captī essent,
	sē Chrīstiānōs	esse aut	
		fuisse negābant,	
dīmīsit.			

156 Stilmittel

Vor allem in literarischen, aber auch in anderen Texten gibt es oft sprachliche Besonderheiten, die darauf hindeuten, dass mit der gewählten Ausdrucksweise noch eine zusätzliche Absicht verbunden ist. Diese sprachlichen Besonderheiten nennt man »Stilmittel« oder »rhetorische Figuren« (Rhetorik = Redekunst).

156.1 Anapher

Sī Tiberis ascendit in moenia,	Wenn …,
sī Nīlus nōn ascendit in campōs,	wenn …,
sī caelum stetit,	wenn …,
sī terra movētur,	wenn …,
sī famēs, sī luēs …	wenn …, wenn …,

Die Wiederholung eines Wortes zu Beginn eines Satzes oder einer Wortgruppe heißt **Anapher**.

156.2 Ellipse

… sī famēs, sī luēs, statim »Chrīstiānōs ad leōnem!« acclāmātur.	… wenn (es) eine Hungersnot (gibt), wenn (es) eine Seuche (gibt), …

Nach famēs fehlt ebenso wie nach luēs das Prädikat. In solchen Fällen ergänzt du am besten eine passende Form von esse.

Als Stilfigur heißt diese Erscheinung **Ellipse**.

156.3 Rhetorische Frage

Tantōs ad ūnum?	So viele (zu) einem einzigen (Löwen)?

Diese Frage ist nicht ernst, sondern ironisch gemeint, da der Fragesteller bereits die Antwort weiß. Denn natürlich ist es unmöglich, dass so viele Menschen einem einzigen Löwen zum Fraß vorgeworfen werden können.

Eine solche Frage heißt in der Fachsprache **rhetorische Frage**.

156.4 Antithese

et pauperibus et dīvitibus et prīncipibus et īnfimīs	sowohl den Armen als auch den Reichen, sowohl den vornehmen als auch den einfachsten Leuten

Hier werden jeweils Gegensätze (z. B. arm – reich) einander gegenübergestellt. Diese Stilfigur heißt **Antithese**.

156.5 Klimax

Quantae autem clādēs	Wie viel Unglück ist
et pauperibus et dīvitibus	sowohl den Armen als auch den Reichen,
et prīncipibus et īnfimīs	sowohl den vornehmen als auch den einfachsten Leuten,
dēnique urbibus et tōtī orbī terrārum illātae sunt!	schließlich den Städten und der gesamten Welt zugefügt worden!

Eine solche Steigerung nennt man als Stilfigur **Klimax**.

156.6 Hendiadyoin

… cum Rōmānī apud Cannās ab Hannibale superātī et victī essent, …	… als die Römer … überwunden und besiegt worden waren ➔ als die Römer völlig besiegt worden waren, …

Superāre und vincere sind bedeutungsähnliche Wörter, sogenannte Synonyme. Die Verben sind hier kombiniert, um die Schwere der römischen Niederlage zum Ausdruck zu bringen. Es bietet sich oft an, eines der beiden lateinischen Verben durch ein deutsches Adverb zu übersetzen.

Diese Stilfigur heißt **Hendiadyoin** (»Eins durch zwei«).

157 Kombination von Stilmitteln

Quantae autem clādēs et pauperibus et dīvitibus et prīncipibus et īnfimīs dēnique urbibus et tōtī orbī terrārum illātae sunt!

Dieses Beispiel zeigt dir, dass Stilmittel auch miteinander kombiniert sein können. In diesem Satz gibt es zwei Antithesen und außerdem noch eine Klimax.

Lektion 36

158 Formen des Konjunktiv Perfekt/Konjunktiv I der Vorzeitigkeit

	Aktiv	Passiv
1. Person Singular	laudāv-eri-m	laudātus, laudāta, laudātum sim
2. Person Singular	laudāv-eri-s	laudātus, a, um sīs
3. Person Singular	laudāv-eri-t	laudātus, a, um sit
1. Person Plural	laudāv-eri-mus	laudātī, laudātae, laudāta sīmus
2. Person Plural	laudāv-eri-tis	laudātī, ae, a sītis
3. Person Plural	laudāv-eri-nt	laudātī, ae, a sint

Bildeweisen des Konjunktiv Perfekt Aktiv

		Perfektstamm	Konjunktiv Perfekt Aktiv
v-Perfekt	laudāre →	laudāv-	laudāv-eri-m
u-Perfekt	terrēre →	terru-	terru-eri-m
s-Perfekt	iubēre →	iuss-	iuss-eri-m
Dehnungsperfekt	venire →	vēn-	vēn-eri-m
Stammperfekt	dēscendere →	dēscend-	dēscend-eri-m
Reduplikations-perfekt	dare →	ded-	ded-eri-m
anderer Stamm	esse →	fu-	fu-eri-m
	prōdesse →	prōfu-	prōfu-eri-m
	posse →	potu-	potu-eri-m
	īre →	i-	i-eri-m
	ferre →	tul-	tul-eri-m

Bildeweise des Konjunktiv Perfekt/Konjunktiv I der Vorzeitigkeit Aktiv: Perfektstamm + -erim, -eris, -erit, -erimus, -eritis, -erint

Bildeweise des Konjunktiv Perfekt/Konjunktiv I der Vorzeitigkeit Passiv: Partizip Perfekt Passiv (PPP) + Konjunktiv Präsens/Konjunktiv I der Gleichzeitigkeit von esse (sim, sīs …)

159 Funktion des Konjunktiv Perfekt/Konjunktiv I der Vorzeitigkeit im Gliedsatz

(1) Benedictus, cum in sōlitūdinem **recesserit**, monasterium condit.	Nachdem sich Benedikt in die Einsamkeit **zurückgezogen hat**, gründet er ein Kloster.
(2) Tē interrogō, cūr nōn **tacueris**.	Ich frage dich, warum du nicht **geschwiegen hast.**

Im Beispielsatz 1 steht der Konjunktiv Perfekt/Konjunktiv I der Vorzeitigkeit in einem Temporalsatz. Er drückt, wie sein Name sagt, die Vorzeitigkeit zum Prädikat des Hauptsatzes aus.

Im Beispielsatz 2 steht der Konjunktiv Perfekt/Konjunktiv I der Vorzeitigkeit in einem indirekten Fragesatz und bezeichnet auch hier die Vorzeitigkeit.

160 Verneinter Befehl

(1) Omnēs hominēs honōrā/honōrāte!	Ehre/Ehrt alle Menschen!
(2) **Nōlī** iniūriam facere!/**Nōlīte** iniūriam **facere**!	* Wolle/Wollt kein Unrecht begehen ➔ Begehe/Begeht kein Unrecht!
(3) **Nē** iniūriam **fēceris/fēceritis**.	Begehe/Begeht kein Unrecht!

In allen drei Beispielen werden Befehle erteilt. Während in 1 angegeben ist, was man tun soll, ist in den Beispielen 2 und 3 angegeben, was man **nicht** tun soll. Vom Sinn her sind diese Befehle also **verneint**.

Die Römer haben zwei Möglichkeiten, einen verneinten Befehl sprachlich zum Ausdruck zu bringen:

1. durch nōlī (für den Singular)/nōlīte (für den Plural) in Verbindung mit einem Infinitiv (Beispiel 2)
2. durch nē + Konjunktiv Perfekt/Konjunktiv I der Vorzeitigkeit. Das Perfekt – und das wird dich überraschen – bezeichnet hier ausnahmsweise nicht die Vorzeitigkeit und wird immer mit dem Indikativ Präsens übersetzt.

Im Englischen kannst du den Imperativ auch nicht durch ein einfaches »not« verneinen, sondern musst den verneinten Befehl umschreiben:

Listen!	Hör zu! Hört zu!
Aber: Don't cry!	Weine/Weint nicht!

161 Zeitenfolge (cōnsecūtiō temporum)

Das Lateinische achtet im Allgemeinen sehr viel genauer auf das Zeitverhältnis als das Deutsche. Ausschlaggebend für das Tempus des konjunktivischen Gliedsatzes ist das Tempus des übergeordneten Satzes.

(1a) Plīnius reōs[1] interrogat, num sint Chrīstiānī – num fuerint Chrīstiānī.	Plinius fragt die Angeklagten, ob sie Christen seien – ob sie Christen gewesen seien.
(1b) Plīnius reōs[1] interrogābit, num sint Chrīstiānī – num fuerint Chrīstiānī.	Plinius wird die Angeklagten fragen, ob sie Christen seien – ob sie Christen gewesen seien.
(2) Benedictus in sōlitūdinem recēdit/recēdet, ut Chrīstum vērē quaerat.	Benedikt zieht sich in die Einsamkeit zurück/wird sich zurückziehen, um Christus wahrhaftig zu suchen.
(3) Plīnius reōs[1] interrogāvit/interrogābat/interrogāverat, num essent Chrīstiānī – num fuissent Chrīstiānī.	Plinius hat die Angeklagten gefragt/fragte/hatte gefragt, ob sie Christen seien – ob sie Christen gewesen seien.
(4) Benedictus in sōlitūdinem recessit/recēdēbat/recesserat, ut Chrīstum vērē quaereret.	Benedikt hat sich in die Einsamkeit zurückgezogen/zog sich zurück/hatte sich zurückgezogen, um Christus wahrhaftig zu suchen.

Zu Beispiel 1a, 1b und 2:

Steht im übergeordneten Satz Präsens oder Futur 1 (ein sogenanntes Haupttempus), so zeigt im konjunktivischen Gliedsatz der Konjunktiv Präsens/Konjunktiv I der Gleichzeitigkeit die Gleichzeitigkeit an. Der Konjunktiv Perfekt/Konjunktiv I der Vorzeitigkeit bezeichnet die Vorzeitigkeit.

Zu Beispiel 3 und 4:

Steht im übergeordneten Satz Perfekt, Imperfekt oder Plusquamperfekt (ein sogenanntes Nebentempus), so zeigt im konjunktivischen Gliedsatz der Konjunktiv Imperfekt/Konjunktiv II der Gleichzeitigkeit die Gleichzeitigkeit an. Der Konjunktiv Plusquamperfekt/Konjunktiv II der Vorzeitigkeit bezeichnet die Vorzeitigkeit.

→

1 **reus,** reī *m.:* Angeklagter

Die Konjunktive quaerat und quaereret in den Beispielsätzen 2 und 4 drücken, wie du weißt, die Gleichzeitigkeit aus.

Die durch ut eingeleiteten Gliedsätze haben hier aber auch einen futurischen Sinn. In der Fachsprache wird dieses Zeitverhältnis als **nachzeitig** bezeichnet. Die Nachzeitigkeit kannst du dir so klar machen: **Nach** seinem Rückzug **wird** Benedikt weiterhin Christus **suchen**.

Da es vom Futur keine Konjunktive gibt, stehen sogenannte Ersatzformen. So steht anstelle des nicht vorhandenen Konjunktiv Futur im Beispiel 2 der Konjunktiv Präsens/der Konjunktiv I der Gleichzeitigkeit, im Beispiel 4 der Konjunktiv Imperfekt/Konjunktiv II der Gleichzeitigkeit.

Übergeordneter Satz	Gliedsatz im Konjunktiv		
	gleichzeitig	vorzeitig	nachzeitig
Präsens, Futur I	Konjunktiv Präsens/Konjunktiv I der Gleichzeitigkeit	Konjunktiv Perfekt/Konjunktiv I der Vorzeitigkeit	Konjunktiv Präsens/Konjunktiv I der Gleichzeitigkeit
Perfekt, Imperfekt, Plusquamperfekt	Konjunktiv Imperfekt/Konjunktiv II der Gleichzeitigkeit	Konjunktiv Plusquamperfekt/ Konjunktiv II der Vorzeitigkeit	Konjunktiv Imperfekt/Konjunktiv II der Gleichzeitigkeit

Lektion 38

162 Deponentien

(1) Prōdest aquīs frīgidīs ūtī.	Es ist nützlich, kaltes Wasser **zu verwenden**.
(2) Nē labōrēs vereātur.	**Er soll** keine Anstrengungen **fürchten**.

In Satz 1 ist ūtī der Form nach ein Infinitiv Präsens/Infinitiv der Gleichzeitigkeit Passiv, der jedoch aktivisch übersetzt wird. Ähnlich verhält es sich mit vereātur in Satz 2: Das Verb ist der Form nach 3. Pers. Singular Präsens Konjunktiv Passiv, wird aber aktivisch wiedergegeben.

Verben, die passive Formen, aber eine aktivische Bedeutung haben, heißen Deponentien (Singular: Deponens; von dēpōnere: ablegen), und zwar deshalb, weil sie ihre aktiven Formen gleichsam abgelegt haben.

Dass passive Formen hier aktivisch übersetzt werden, ist für dich sicher verwirrend. Aber in den meisten Fällen zeigt dir schon der Aufbau des Satzes, dass eine passivische Übersetzung gar nicht geht. Wenn du z. B. im Beispielsatz 2 vereātur mit einem Passiv übersetzen würdest, könntest du den Plural labōrēs nicht mehr unterbringen.

Deponentien gibt es in allen Konjugationen, z. B.:
- ā-Konjugation: vēnārī, vēnor, vēnātus sum: jagen
- ē-Konjugation: verērī, vereor, veritus sum: fürchten, verehren
- Konsonantische Konjugation: ūtī, ūtor, ūsus sum: benutzen, gebrauchen
- Konsonantische Konjugation mit i-Erweiterung: patī, patior, passus sum: erdulden, erleiden

Bei den Deponentien musst du dir noch ein paar Besonderheiten merken:

1. Die Imperative lauten:

Imperativ Singular		Imperativ Plural	
vēnā-**re**	jage!	vēnā-**minī**	jagt!
verē-**re**	fürchte!	verē-**minī**	fürchtet!
ūt-e-**re**	gebrauche!	ūt-i-**minī**	gebraucht!

Der Imperativ Singular sieht aus wie ein Infinitiv Aktiv (den es von den Deponentien ja nicht gibt) und der Imperativ Plural sieht genauso aus wie die 2. Pers. Plural Präsens.

→

2. Die Deponentien bilden aktive Partizipien Präsens/Partizipien der Gleichzeitigkeit:

vēnāns, vēnantis	jagend
verēns, verentis	fürchtend
ūtens, ūtentis	gebrauchend

3. Es gibt ein aktives Partizip Futur/Partizip der Nachzeitigkeit und einen aktiven Infinitiv Futur/Infinitiv der Nachzeitigkeit:

Partizip Futur Aktiv/Partizip d. Nachzeitigkeit		Infinitiv Futur Aktiv/Infinitiv d. Nachzeitigkeit
vēnātūrus	einer, der jagen wird	vēnātūrum esse
veritūrus	einer, der fürchten wird	veritūrum esse
ūsūrus	einer, der gebrauchen wird	ūsūrum esse

163 Semideponentien

(1) Rōmānī multīs deīs immolāre solent.	Die Römer sind es gewohnt/pflegen vielen Göttern zu opfern.
(2) Rōmānī multīs deīs immolāre **solitī sunt**.	Die Römer **sind es gewohnt gewesen/waren es gewohnt/pflegten** vielen Göttern zu opfern.

Du kennst bereits das Verb solēre, soleō: pflegen, gewohnt sein. Neu ist für dich das passivische Perfekt solitus sum, das aktivisch übersetzt wird: ich pflegte/war gewohnt.

Solēre ist ein sogenanntes Semideponens (»Halbdeponens«). Semideponentien haben im Präsens, Imperfekt und Futur 1 aktive Formen mit aktiver Bedeutung. Im Perfekt und Plusquamperfekt aber haben sie wie die Deponentien passive Formen, die aktivisch übersetzt werden.

Ebenso: gaudēre, gaudeō, gāvīsus sum: sich freuen, ich freue mich, habe mich gefreut/freute mich

164 fierī

fierī, fīō, factus sum: 1. werden 2. geschehen 3. gemacht werden

Indikativ			
Präsens	1. Pers. Sg. 2. Pers. Sg. 3. Pers. Sg. 1. Pers. Pl. 2. Pers. Pl. 3. Pers. Pl.	fīō fīs fit fīmus fītis fīunt	ich werde; ich werde gemacht
Imperfekt	1. Pers. Sg. 2. Pers. Sg.	fīēbam fīēbās	ich wurde; ich wurde gemacht
Futur 1	1. Pers. Sg. 2. Pers. Sg.	fīam fīēs	ich werde werden; ich werde gemacht werden
Perfekt	1. Pers. Sg.	factus sum	ich bin geworden; ich bin gemacht worden
Plusquamperfekt	1. Pers. Sg.	factus eram	ich war geworden; ich war gemacht worden
Konjunktiv			
Präsens / Konjunktiv I der Gleichzeitigkeit	1. Pers. Sg. 2. Pers. Sg. 3. Pers. Sg.	fīam fīās fīat	
Imperfekt/ Konjunktiv II der Gleichzeitigkeit	1. Pers. Sg. 2. Pers. Sg.	fierem fierēs	
Perfekt/Konjunktiv I der Vorzeitigkeit	1. Pers. Sg.	factus sim	
Plusquamperfekt/ Konjunktiv II der Vorzeitigkeit	1. Pers. Sg.	factus essem	
Infinitive			
Präsens/der Gleichzeitigkeit		fierī	werden; geschehen; gemacht werden
Perfekt/der Vorzeitigkeit		factum, am, um esse	geworden sein; geschehen sein; gemacht worden sein
Futur/der Nachzeitigkeit		fūtūrum, am, um esse/fore	

165 īdem, eadem, idem: derselbe, dieselbe, dasselbe

Das Demonstrativpronomen īdem, eadem, idem ist eine Zusammensetzung aus is, ea, id und dem Suffix -dem.

	Singular			Plural		
	m.	f.	n.	m.	f.	n.
Nom.	**ī**dem	eadem	**i**dem	**ī**dem (iīdem)	eaedem	eadem
Gen.	eiusdem	eiusdem	eiusdem	eōru**n**-dem	eāru**n**-dem	eōru**n**-dem
Dat.	eīdem	eīdem	eīdem	eīsdem (iīsdem, īsdem)	eīsdem (iīsdem, īsdem)	eīsdem (iīsdem, īsdem)
Akk.	eu**n**dem	ea**n**dem	idem	eōsdem	eāsdem	eadem
Abl.	eōdem	eādem	eōdem	eīsdem (iīsdem, īsdem)	eīsdem (iīsdem, īsdem)	eīsdem (iīsdem, īsdem)

166 Stilmittel

166.1 Chiasmus

Īgnāvia enim corpus hebetat,
X
firmat labor.

* Trägheit nämlich den Körper schwächt, es kräftigt ihn Anstrengung. ➔
Trägheit nämlich schwächt den Körper, Anstrengung kräftigt ihn.

Die beiden Wortgruppen corpus hebetat und firmat labor sind spiegelbildlich aufgebaut. Diese – die Wortstellung betreffende – Stilfigur nennt man nach dem griechischen Buchstaben X (gesprochen: Chi) **Chiasmus**.

166.2 Parallelismus

Illa (īgnāvia) mātūram senectūtem, hic (labor) longam adulēscentiam reddit.

Jene führt zu einem vorzeitigen Alter, diese zu einer langen Jugend.

In diesem Satz sind die Objekte mātūram senectūtem und longam adulēscentiam gleich aufgebaut: Das adjektivische Attribut steht jeweils vor seinem Beziehungswort. Solche parallel aufgebaute Strukturen werden in der Fachsprache als **Parallelismus** bezeichnet.

Lektion 39

167 velle; nōlle; mālle

velle, volō, voluī: wollen
nōlle (aus nōn velle), nōlō, nōluī: nicht wollen
mālle (aus: magis velle; magis: mehr; lieber), mālō, māluī: lieber wollen

Indikativ			
	Präsens		
1. Pers. Sg.	volō	nōlō	mālō
2. Pers. Sg.	vīs	nōn vīs	māvīs
3. Pers. Sg.	vult	nōn vult	māvult
1. Pers. Pl.	volumus	nōlumus	mālumus
2. Pers. Pl.	vultis	nōn vultis	māvultis
3. Pers. Pl.	volunt	nōlunt	mālunt
	Imperfekt		
1. Pers. Sg.	volēbam	nōlēbam	mālēbam
2. Pers. Sg.	volēbās	nōlēbās	mālēbās
	Perfekt		
1. Pers. Sg.	voluī	nōluī	māluī
2. Pers. Sg.	voluistī	nōluistī	māluistī
	Plusquamperfekt		
1. Pers. Sg.	volueram	nōlueram	mālueram
2. Pers. Sg.	voluerās	nōluerās	māluerās
	Futur		
1. Pers. Sg.	volam	nōlam	mālam
2. Pers. Sg.	volēs	nōlēs	mālēs
Konjunktiv			
	Präsens/Konjunktiv I der Gleichzeitigkeit		
1. Pers. Sg.	velim	nōlim	mālim
2. Pers. Sg.	velīs	nōlīs	mālīs
3. Pers. Sg.	velit	nōlit	mālit
1. Pers. Pl.	velīmus	nōlīmus	mālīmus
2. Pers. Pl.	velītis	nōlītis	mālītis
3. Pers. Pl.	velint	nōlint	mālint

→

	Imperfekt/Konjunktiv II der Gleichzeitigkeit		
1. Pers. Sg.	vellem	nōllem	māllem
2. Pers. Sg.	vellēs	nōllēs	māllēs
	Plusquamperfekt/Konjunktiv II der Vorzeitigkeit		
1. Pers. Sg.	voluissem	nōluissem	māluissem
2. Pers. Sg.	voluissēs	nōluissēs	māluissēs
Infinitive			
	Präsens/Infinitiv der Gleichzeitigkeit		
	velle	nōlle	mālle
	Perfekt/Infinitiv der Vorzeitigkeit		
	voluisse	nōluisse	māluisse
Imperative			
		nōlī	
		nōlīte	
Partizip Präsens/Partizip der Gleichzeitigkeit			
	volēns, volentis	nōlens, nōlentis	

168 Nōminātīvus cum īnfīnītīvō (nci)

(1a) Rōmam urbem pulcherrimam esse nōtum est.	Es ist bekannt, dass Rom eine sehr schöne Stadt ist.
(1b) **Rōma urbs pulcherrima esse** dīcitur.	Es wird gesagt/man sagt, dass Rom eine sehr schöne Stadt ist/sei./ Rom soll eine sehr schöne Stadt sein.
(2a) Iuvenēs ā dominō servī accūsātōs esse cōnstat.	Es steht fest, dass die jungen Männer vom Herrn des Sklaven angeklagt wurden.
(2b) **Iuvenēs** ā dominō servī **accūsātī esse** dīcuntur.	Man sagt/erzählt, dass die jungen Männer vom Herrn des Sklaven angeklagt wurden./ Die jungen Männer sollen vom Herrn des Sklaven angeklagt worden sein.
(3a) Dominum servī iuvenēs accūsātūrum esse cōnstat.	Es steht fest, dass der Herr des Sklaven die jungen Männer anklagen wird.
(3b) **Dominus** servī iuvenēs **accūsātūrus esse** dīcitur.	Man sagt/erzählt, dass der Herr des Sklaven die jungen Männer anklagen wird.

Die Beispielsätze 1a und 1b haben fast genau denselben Inhalt, der aber auf unterschiedliche Weise ausgedrückt wird. Dass der Beispielsatz 1a einen aci aufweist, der von nōtum est abhängt, hast du sicher gleich erkannt.

Im Beispielsatz 1b sind zwei Aussagen enthalten:

1. Rom ist eine sehr schöne Stadt.
2. Man sagt es.

➔ Man sagt, dass Rom eine sehr schöne Stadt ist/sei.

Anders als im Beispielsatz 1a steht im Beispielsatz 1b das Prädikat jetzt im Passiv. Rōma ist ein Nominativ und Subjekt des Satzes und zu dem Infinitiv esse gehört das Prädikatsnomen urbs pulcherrima, das – in KNG-Kongruenz zu Rōma – ebenfalls im Nominativ steht.

Eine solche Konstruktion heißt in der Fachsprache **nōminātīvus cum īnfīnītīvō** (Nominativ mit Infinitiv), kurz: **nci**.

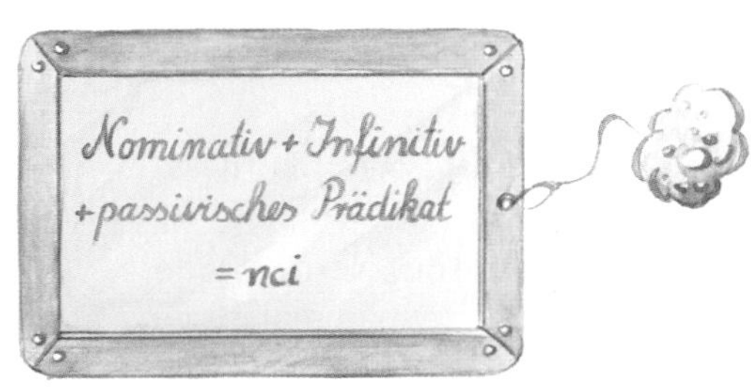

Eine wörtliche Übersetzung von Satz 1b klingt mehr als seltsam: *Rom wird gesagt, eine sehr schöne Stadt zu sein. – Du musst also umformen.

Die Beispielsätze 2b und 3b zeigen dir, dass – so wie im aci – auch im nci unterschiedliche Zeitverhältnisse ausgedrückt werden können: So steht in 2b ein Infinitiv Perfekt/Infinitiv der Vorzeitigkeit und in 3b ein Infinitiv Futur/ Infinitiv der Nachzeitigkeit.

Wie der aci (vgl. Grammatik Lektion 9, 54), so steht auch der nci oft bei den sogenannten »Kopfverben«, nämlich Verben

- des Mitteilens: z. B. dīcere, nārrāre
- der Wahrnehmung: z. B. audīre
- des Wissens und Denkens: z. B. scīre, cōgitāre

nur dass beim nci das Prädikat im Passiv steht. Sehr häufig ist der nci außerdem nach vidērī, »scheinen«.

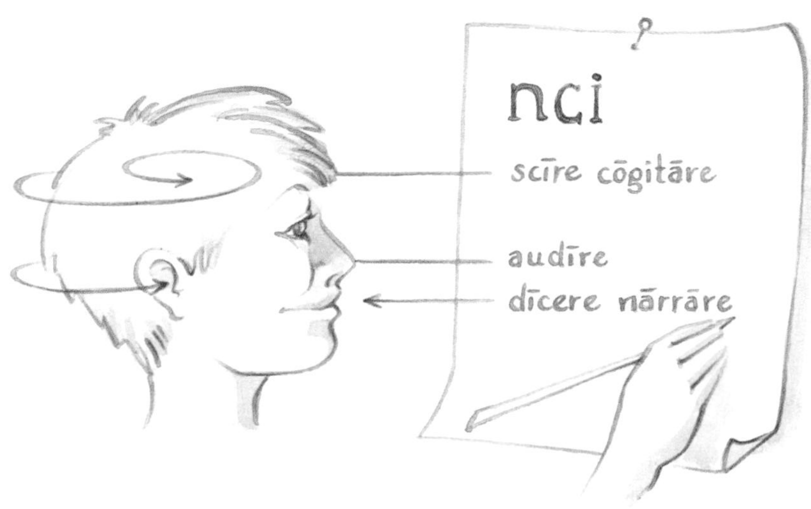

169 Übersetzungstipp

Iuvenēs ā dominō servī accūsātī esse dīcuntur.

Wenn du ein passives Prädikat, mindestens einen Nominativ und einen Infinitiv entdeckt hast:

1. Übersetze das Prädikat. Auch wenn es im Plural steht, mach daraus einen unpersönlichen Singular (mit »es wird« oder »man«):
dīcuntur: sie werden gesagt → Es wird gesagt/man sagt

2. Füge ein »dass« an:
Es wird gesagt/man sagt, dass …

3. Übersetze den Nominativ des nci als Subjekt des dass-Satzes:
Es wird gesagt/man sagt, dass die jungen Männer

4. Übersetze den Infinitiv des nci als Prädikat des dass-Satzes. Berücksichtige dabei das Zeitverhältnis und achte darauf, ob der Infinitiv im Aktiv oder im Passiv steht:
Es wird gesagt/man sagt, dass die jungen Männer angeklagt worden sind/seien.

5. Übersetze den Rest:
Es wird gesagt/man sagt, dass die jungen Männer vom Herrn des Sklaven angeklagt worden sind/seien.

170 Genitīvus partītīvus

Māgnus numerus **iuvenum** in locō pūblicō pilā lūdēbat.	Ein große Zahl **von jungen Männern** spielte auf einem öffentlichen Platz (mit dem) Ball.
Nēmō **eōrum** tōnsōrem animadvertēbat.	Niemand **von ihnen** bemerkte den Friseur.

Die Genitive iuvenum und eōrum stehen bei Ausdrücken, die ein Maß oder eine Menge bezeichnen (numerus, nēmō). Dabei bezeichnet der Genitiv jeweils das Ganze – die jungen Männer bzw. sie –, während das Beziehungswort des Genitivs – hier: māgnus numerus bzw. nēmō – jeweils angibt, wie viele betroffen sind. In der Fachsprache heißt dieser Genitiv **genitīvus partītīvus** (von pars: Teil).

Damit kennst du nun vier semantische Funktionen des Genitivs:

Beispiel	**Deutsche Übersetzung**	**Name des Genitivs (semantische Funktion)**
fīliī senātōrum	die Söhne der Senatoren	genitīvus possessīvus
timor servī	die Angst des Sklaven	genitīvus subiectīvus
timor clādis	die Angst vor der Niederlage	genitīvus obiectīvus
māgnus numerus iuvenum	eine große Zahl von jungen Männern	genitīvus partītīvus

Lektion 40

171 Funktion des Futur 2

(1) Ubī prīmum in prōvinciam tuam **advēneris**, intellegēs …

Wenn du in deiner Provinz **angekommen sein wirst,** wirst du erkennen … ➔ Wenn du in deiner Provinz angekommen bist/ankommst, wirst du erkennen …

(2) Sī prōvincia ā tē bene **administrāta erit,** etiam Rōmae māgnum honōrem habēbis.

Wenn die Provinz von dir gut **verwaltet worden sein wird,** wirst du auch in Rom sehr geehrt werden. ➔ Wenn die Provinz von dir gut verwaltet wird, wirst du auch in Rom sehr geehrt werden.

Advēneris in Satz 1 ist eine Form des Futur 2 Aktiv, administrāta erit in Satz 2 ist eine Form des Futur 2 Passiv. Das Futur 2 (»vollendete Zukunft«) drückt die Vorzeitigkeit zu einem Futur 1 aus. Die Handlung, die im Futur 2 steht, findet auch in der Zukunft statt – aber vor der Handlung, die im Futur 1 steht.

Gegenwart — Futur 2 — Futur 1

Das Futur 2 wird im Deutschen fast gar nicht verwendet. Du übersetzt es deshalb am besten entweder mit Präsens oder Perfekt.

172 Formen des Futur 2

Futur 2 Aktiv

Das Futur 2 Aktiv setzt sich zusammen aus dem Perfektstamm und -er-ō, -er-is, -er-i-t, -er-i-mus, -er-i-tis, -er-i-nt.

Dir fällt sicher auf, dass die Formen außer in der 1. Person Singular genauso aussehen wie die des Konjunktiv Perfekt.

	laudāre	
1. Pers. Sg.	laudāv-er-ō	ich werde gelobt haben
2. Pers. Sg.	laudāv-er-i-s	
3. Pers. Sg.	laudāv-er-i-t	
1. Pers. Pl.	laudāv-er-i-mus	
2. Pers. Pl.	laudāv-er-i-tis	
3. Pers. Pl.	laudāv-er-i-nt	

Futur 2 Passiv

Das Futur 2 Passiv setzt sich zusammen aus dem Partizip der Vorzeitigkeit/ Partizip Perfekt Passiv und dem Futur 1 von esse.

	laudāre	
1. Pers. Sg.	laudātus, a, um erō	ich werde gelobt worden sein
2. Pers. Sg.	laudātus, a, um eris	
3. Pers. Sg.	laudātus, a, um erit	
1. Pers. Pl.	laudātī, ae, a erimus	
2. Pers. Pl.	laudātī, ae, a eritis	
3. Pers. Pl.	laudātī, ae, a erunt	

Bei den Deponentien musst du wieder an die aktivische Übersetzung denken: vēnārī: vēnātus erō: ich werde gejagt haben

173 quisque, quaeque, quidque[1]/quodque[2]: jeder

Das Indefinitpronomen quisque, quaeque, quidque/quodque, »jeder«, setzt sich zusammen aus den Formen des Interrogativpronomens und dem Suffix -que:

		m.	f.	n.
Sg.	Nom.	quisque	quaeque	quidque/quodque
	Gen.	cuiusque	cuiusque	cuiusque
	Dat.	cuique	cuique	cuique
	Akk.	quemque	quamque	quidque/quodque
	Abl.	quōque	quāque	quōque
Pl.	Nom.	quīque	quaeque	quaeque
	Gen.	quōrumque	quārumque	quōrumque
	Dat.	quibusque	quibusque	quibusque
	Akk.	quōsque	quāsque	quaeque
	Abl.	quibusque	quibusque	quibusque

1 Substantivisch.
2 Adjektivisch.

174 Bildung des Adverbs aus dem Adjektiv

(1a) Nerō dominus dūrus est.	Nero ist ein harter Gebieter.
(1b) **Dūrē** agit.	Er handelt **brutal**.
(2a) Mārcia discipula dīligēns est.	Marcia ist eine gewissenhafte Schülerin.
(2b) **Dīligenter** labōrat.	Sie arbeitet **gewissenhaft**.

Dūrus in Beispiel 1a und dīligēns in Beispiel 2b sind Adjektive, die in KNG-Kongruenz zu ihrem Beziehungswort stehen.

Dūrē in Beispiel 1b und dīligenter in Beispiel 2b sind Adverbien, die sich hier jeweils auf das Prädikat beziehen.

Anders als das Adjektiv ist das Adverb unveränderlich.

Adjektive der ā- und o-Deklination bilden das Adverb auf -ē:

	Adjektiv	Adverb	Übersetzung des Adverbs
	lentus, lenta, lentum →	lentē	langsam, träge
	līber, lībera, līberum →	līberē	frei
aber:	bonus, bona, bonum →	bene	gut
	malus, mala, malum →	male	schlecht

Adjektive der i-Deklination bilden das Adverb auf -iter/-er:

	Adjektiv	Adverb	Übersetzung des Adverbs
	ācer, ācris, ācre →	ācriter	scharf, heftig
	fortis, e →	fortiter	stark, tapfer
	dīligēns (Gen.: dīligentis) →	dīligenter	sorgfältig, gewissenhaft
aber:	facilis, e →	facile	leicht

Lektion 41

175 Steigerung/Komparation des Adjektivs

Iūcundum est nihil agere,	Es ist angenehm, nichts zu tun,
īucundius est thermās vīsitāre,	es ist angenehmer, die Thermen zu besuchen,
iūcundissimum est cum amīcīs esse.	am angenehmsten ist es, mit Freunden zusammen zu sein.

Die meisten Adjektive haben drei Steigerungsstufen:

1. **Positiv** (Grundstufe)	iūcundus, iūcunda, iūcundum	angenehm
2. **Komparativ** (1. Steigerungsstufe)	iūcundior, iūcundior, iūcundius	angenehmer
3. **Superlativ** (2. Steigerungsstufe)	iūcundissimus, iūcundissima, iūcundissimum	angenehmster/am angenehmsten

Im Lateinischen erkennst du die 1. Steigerungsstufe, den **Komparativ** (von comparāre: vergleichen), an den Suffixen -ior (Nominativ Singular m. und f.) bzw. -ius (Nominativ Singular n.); sie werden an den Wortstamm angehängt:

iūcundus, iūcunda, iūcundum	➔ iūcund-ior, iūcund-ior, iūcund-ius	angenehmer
fēlīx, fēlīcis	➔ fēlīc-ior, fēlīc-ior, fēlīc-ius	glücklicher
mōbilis, mōbile	➔ mōbil-ior, mōbil-ior, mōbil-ius	beweglicher
ācer, ācris, ācre	➔ ācr-ior, ācr-ior, ācr-ius	schärfer, heftiger

➔

Der Komparativ wird nach der Mischdeklination mit Genitiv Plural auf -um (nach der konsonantischen Deklination) flektiert[1] (vgl. Grammatik Lektion 11, 64, vorletzte Tabelle):

	Singular		
	m.	f.	n.
Nom.	iūcund-ior	iūcund-ior	iūcund-ius
Gen.	iūcund-iōris	iūcund-iōris	iūcund-iōris
Dat.	iūcund-iōrī	iūcund-iōrī	iūcund-iōrī
Akk.	iūcund-iōrem	iūcund-iōrem	iūcund-ius
Abl.	iūcund-iōre	iūcund-iōre	iūcund-iōre

	Plural		
	m.	f.	n.
Nom.	iūcund-iōrēs	iūcund-iōrēs	iūcund-iōra
Gen.	iūcund-iōrum	iūcund-iōrum	iūcund-iōrum
Dat.	iūcund-iōribus	iūcund-iōribus	iūcund-iōribus
Akk.	iūcund-iōrēs	iūcund-iōrēs	iūcund-iōra
Abl.	iūcund-iōribus	iūcund-iōribus	iūcund-iōribus

Die 2. Steigerungsstufe des Adjektivs, den **Superlativ**, erkennst du an der Endung -issimus, -issima, -issimum, die ebenfalls an den Wortstamm angehängt wird:

iūcundus, iūcunda, iūcundum	➔ iūcund-issimus, iūcund-issima, īucund-issimum	angenehmster
mōbilis, mōbile	➔ mōbil-issimus, mōbil-issima, mōbil-issimum	beweglichster
fēlīx, fēlīcis	➔ fēlīc-issimus, fēlīc-issima, fēlīc-issimum	glücklichster

Der Superlativ wird nach der ā- und o-Deklination flektiert.

1 Flektieren: beugen.

1. Die Adjektive auf -er bilden den Superlativ auf -rimus:

pulcher, pulchra, pulchrum	→ pulcher-rimus, pulcher-rima, pulcher-rimum	schönster
ācer, ācris, ācre	→ ācer-rimus, ācer-rima, ācer-rimum	schärfster, heftigster

2. Facilis bildet den Superlativ auf -limus:

facilis, facile	→ facil-limus, facil-lima, facil-limum	leichtester

176 Unregelmäßige Komparation

Einige Adjektive haben unregelmäßige Steigerungsformen:

Positiv		Komparativ		Superlativ	
māgnus	groß	māior, māius	größer	maximus	größter
parvus	klein	minor, minus	kleiner	minimus	kleinster
bonus	gut	melior, melius	besser	optimus	bester
malus	schlecht	pēior, pēius	schlechter	pessimus	schlech-tester
multus	viel	plūrēs, plūra	mehr	plūrimī	die meisten

177 Verwendung und Übersetzungsmöglichkeiten der Steigerungsstufen

177.1 Komparativ

Rōma māior erat quam Carthāgō.	Rom war größer als Karthago.
Interdum labōrāre iūcundius est quam nihil agere.	Manchmal ist es angenehmer zu arbeiten als nichts zu tun.

Der Komparativ dient dazu, zwei Personen oder Dinge miteinander zu vergleichen. Das, was verglichen wird, wird hier mit quam, »als«, angeschlossen.

177.2 Superlativ

Nioba miserrima omnium mulierum erat.	Nioba war die unglücklichste aller Frauen.
Iūcundissimum est cum amīcīs esse.	Am angenehmsten ist es, mit seinen Freunden zusammen zu sein.

Der Superlativ dient dazu, mehrere Personen oder Dinge miteinander zu vergleichen.

177.3 Elativ

vīllae splendidissimae	sehr/überaus/höchst prächtige Häuser
celerrimē currere	sehr/außerordentlich schnell laufen

Manchmal wird durch einen Superlativ nicht die Höchststufe, sondern nur die sehr hohe Stufe einer Eigenschaft bezeichnet.

Bei der Übersetzung ins Deutsche nehmen wir in diesem Fall die Grundform des Adjektivs oder Adverbs und fügen Wörter wie »sehr« oder »überaus« hinzu. In der Fachsprache heißt diese Form **Elativ** (von ēlātus: herausgehoben).

177.4 quam + Superlativ: möglichst + Positiv

Utinam quam celerrimē intellegātis …	Hoffentlich erkennt ihr möglichst schnell …

Wenn quam mit einem Superlativ verbunden ist, bedeutet es »möglichst«. Das zugehörige Adjektiv oder Adverb wird nicht mit dem Superlativ, sondern mit dem Positiv übersetzt.

178 Komparation des Adverbs

Auch Adverbien können gesteigert werden:

īucundē – iūcund-ius – iūcund-issimē	angenehm – angenehmer – am angenehmsten/auf höchst angenehme Weise
dīligenter – dīligent-ius – dīligent-issimē	sorgfältig – sorgfältiger – am sorgfältigsten/auf überaus sorgfältige Weise
bene – mel-ius – optim-ē	gut – besser – am besten/sehr gut

Ist dir schon aufgefallen, dass der Komparativ des Adverbs dieselbe Endung hat wie der Komparativ des Adjektivs im Nominativ Singular n.?

Die Endung des Adverbs im Superlativ/Elativ ist dieselbe wie beim Adverb der Adjektive der ā- und o-Deklination.

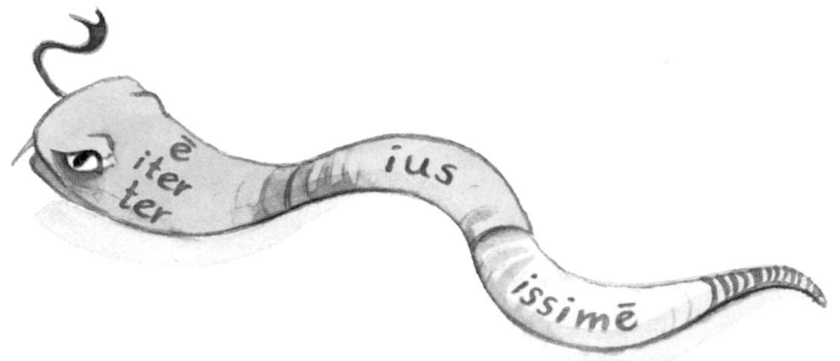

179 Ablātīvus comparātiōnis

(1) Rōma māior erat **Carthāgine** (= quam Carthāgō).	Rom war größer **als Karthago**.
(2) Rōmam māiōrem esse **Carthāgine** (= quam Carthāginem) fuisse sciō.	Ich weiß, dass Rom größer war **als Karthago**.

Der Ablativ Carthāgine ersetzt in Beispiel 1 den Ausdruck quam Carthāgō (Nominativ), in Beispiel 2 den Ausdruck quam Carthāginem (Akkusativ). Dieser in einem Vergleich stehende Ablativ heißt **ablātīvus comparātiōnis** (Ablativ des Vergleichs).

➔

Damit können wir unsere Ablativ-Tabelle weiter ergänzen:

Beispiel	**Frage**	**Semantische Funktion**	**Name des Ablativs in der Fachsprache**	**Deutscher Name des Ablativs**
cum Decimō	Mit wem?	Begleitung	ablātīvus sociātīvus	Ablativ der Begleitung
ē vīllā	Woher?	Trennung	ablātīvus sēparātīvus	Ablativ der Trennung
in hortō	Wo?	Ort	ablātīvus locī	Ablativ des Ortes
māgnō (cum) clāmōre	Wie?/Auf welche Art und Weise?	Art und Weise	ablātīvus modī	Ablativ der Art und Weise
virgīs	Womit?	Mittel/Werkzeug	ablātīvus īnstrūmentī	Ablativ des Mittels/Werkzeugs
hōrā tertiā	Wann?	Zeit	ablātīvus temporis	Ablativ der Zeit
superbiā (commōtus)	Warum/Weshalb?	Grund	ablātīvus causae	Ablativ des Grundes
multīs annīs post	(Um) wie viel?	Maß	ablātīvus mēnsūrae	Ablativ des Maßes
numerō (superāre)	In welcher Hinsicht/Beziehung?	Beziehung	ablātīvus respectūs	Ablativ der Beziehung
ingeniō mītī	Von welcher Art/Beschaffenheit?	Eigenschaft/Beschaffenheit	ablātīvus quālitātis	Ablativ der Eigenschaft
(māior) Carthāgine	(größer) als wer/was?	Vergleich	ablātīvus comparātiōnis	Ablativ des Vergleichs

Elf Ablative kennst du schon,
benannt nach der semantischen Funktion:
Sociātīv, Sēparātīv, Īnstrūmentī, Causae, Locī,
Temporis, Mēnsūrae, Respectūs, Quālitātis, Modī.
Der Comparātiōnis kann dir reichen,
um etwas miteinander zu vergleichen.

Lektion 42

180 Syntaktische und semantische Funktion des Gerundiums

(1) Legere iuvat. — (Das) Lesen macht Spaß.
(2) Etiamne tū legere amās? — Magst auch du gerne lesen?/Magst du auch die Lektüre?/Liest du auch gern?

In Satz 1 steht der Infinitiv als Subjekt, in Satz 2 als Akkusativ-Objekt. Er ist in beiden Sätzen wie ein Substantiv verwendet, das heißt, er ist substantiviert.

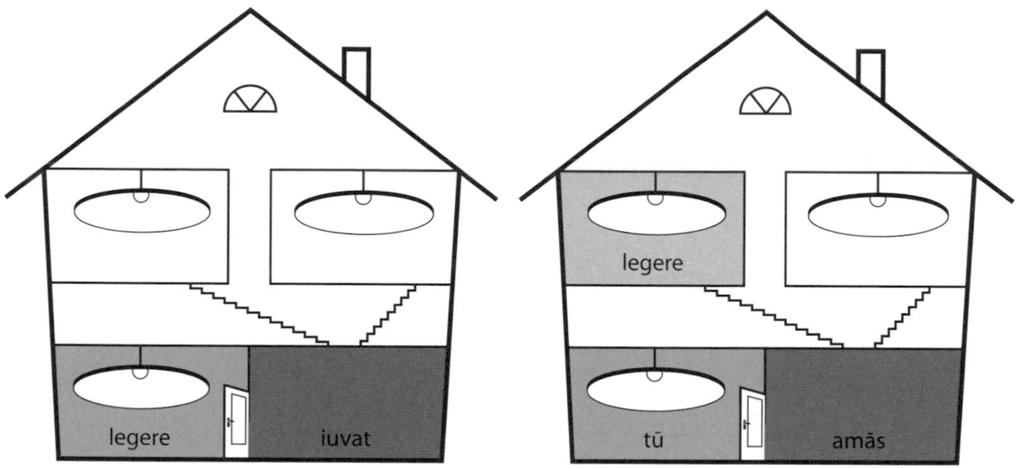

(3) Philosophī artem vīvendī docent. — Die Philosophen lehren die Kunst des Lebens/die Kunst zu leben/die Lebenskunst.

Vīvendī in Satz 3 ist der Genitiv zum Infinitiv vīvere. So wie im Deutschen können auch im Lateinischen die Infinitive substantiviert und dekliniert werden: (das) Leben, des Lebens – vīvere, vīvendī; (das) Lesen, des Lesens – legere, legendī. Die deklinierte Form des Infinitivs heißt **Gerundium.** Da das Gerundium von einem Verb abgeleitet ist, wird es auch als **Verbalsubstantiv** bezeichnet. In Satz 3 steht vīvendī als Attribut zu artem.

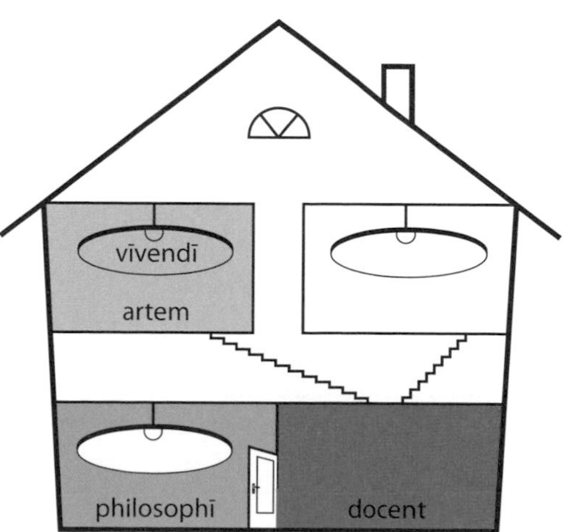

Das Gerundium kann auch als adverbiale Bestimmung verwendet werden:

(4) audiendī causā semantische Funktion: final	wegen des Hörens/um zu hören
(5) ad pūgnandum semantische Funktion: final	zum Kämpfen/um zu kämpfen
(6) in legendō semantische Funktion: temporal	beim Lesen/während des Lesens
(7) docendō semantische Funktion: instrumental	durch das Lehren/Unterrichten

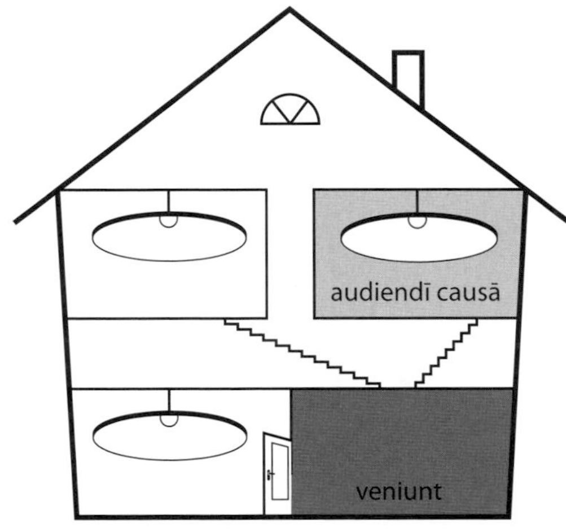

Das Gerundium kann durch ein Objekt oder/und eine adverbiale Bestimmung erweitert sein:

(8) Vitrūvius dē arte **domōs** cōnstruendī scrībit.	Vitruv schreibt über die Kunst, **Häuser** zu bauen.
(9) Philosophī artem **bene** vīvendī docent.	Die Philosophen lehren die Kunst, **gut** zu leben
(10) Artem vīvendī docendō philosophī hominibus māgnō auxiliō erant.	*Durch das die Kunst des Lebens Lehren ➔ Durch das Lehren der Lebenskunst waren die Philosophen den Menschen eine große Hilfe./Dadurch dass/Indem die Philosophen die Lebenskunst lehrten, waren sie …

Wenn du, wie in Beispiel 10, das Gerundium im Ablativ mit einem Gliedsatz übersetzt, musst du die Person und das Tempus aus dem Subjekt und dem Prädikat des Satzes erschließen, in dem das Gerundium steht (Zeitverhältnis: gleichzeitig).

181 Formen des Gerundiums

Das Gerundium wird aus dem Präsensstamm (bzw. Präsensstamm + Bindevokal), dem Kennzeichen -nd- und den Endungen des Singulars der o-Deklination gebildet:

	ā-Konjugation: laudāre		ē-Konjugation: terrēre	
Gen.	lauda-nd-ī	des Lobens	terre-nd-ī	des Erschreckens
Dat.	lauda-nd-ō[1]	dem Loben	terre-nd-ō[1]	dem Erschrecken
Akk.	ad lauda-nd-um[2]	zum Loben	ad terre-nd-um[2]	zum Erschrecken
Abl.	lauda-nd-ō	durch (das) Loben	terre-nd-ō	durch (das) Erschrecken

	ī-Konjugation: audīre	kons. Konjugation: quaerere	kons. Konjugation mit i-Erweiterung: capere
Gen.	audie-nd-ī	quaere-nd-ī	capie-nd-ī
Dat.	audie-nd-ō	quaere-nd-ō	capie-nd-ō
Akk.	ad audie-nd-um	ad quaere-nd-um	ad capie-nd-um
Abl.	audie-nd-ō	quaere-nd-ō	capie-nd-ō

Das Gerundium unregelmäßiger Verben:

īre → eundī usw.
ferre → ferendī usw.

Auch bei den Deponentien gibt es eine regelmäßige Bildeweise des Gerundiums; diese Gerundia haben aktive Bedeutung:

vēnārī	→ vēnandī	usw.:	des Jagens	usw.
verērī	→ verendī	usw.:	des Fürchtens/Verehrens	usw.
loquī	→ loquendī	usw.:	des Sprechens	usw.

1 Der Dativ kommt nur selten vor.
2 Der Akkusativ des Gerundiums steht nur nach einer Präposition.

182 Stilmittel

Personifikation

Dīvīna mēns Rōmānōs dominōs orbis terrārum futūrōs esse voluit.	Der göttliche Geist wollte, dass die Römer die Herren der Welt werden/würden.

Der abstrakte Begriff dīvīna mēns tritt hier wie eine handelnde Person auf, das heißt, ihm werden menschliche Eigenschaften zugeschrieben. Dieses Stilmittel heißt **Personifikation**.

Lektion 43

183 Doppelter Akkusativ

(1) Multī **sē sapientissimōs** exīstimābant.	Viele hielten sich für äußerst weise.
(2) Sōcratēs **crīmina falsa** putat.	Sokrates hält die Anschuldigungen für falsch.
(3) Rōmānī **Tiberium Gracchum tribūnum** plēbis creāvērunt.	Die Römer wählten Tiberius Gracchus als Volkstribun/zum Volkstribunen.

Manche Verben (vor allem Verben des Glaubens und Meinens, aber auch creāre) sind mit einem doppelten Akkusativ verbunden.

Bei der Übersetzung ins Deutsche wird der zweite Akkusativ oft mit »für« oder »als/zu« angeschlossen.

Auch im Englischen und Französischen gibt es den doppelten Akkusativ:

Early to bed and early to rise makes a man healthy, wealthy, and wise.	Früh zu Bett und früh heraus macht einen Mann gesund, wohlhabend und weise.

Les Romains nous rendent malades.	Die Römer machen uns krank.

184 Bildeweise des Gerundivums

laudāre: laudandus, laudanda, laudandum
terrēre: terrendus, terrenda, terrendum
audīre: audiendus, audienda, audiendum
quaerere: quaerendus, quaerenda, quaerendum
capere: capiendus, capienda, capiendum

venārī: venandus, venanda, venandum
verērī: verendus, verenda, verendum
loquī: loquendus, loquenda, loquendum

Das Gerundivum ist ein von einem Verb abgeleitetes Adjektiv, ein sogenanntes **Verbaladjektiv**. Es ist wie das Gerundium aus dem Präsensstamm und dem Kennzeichen -nd- gebildet und wird nach der ā- und o-Deklination dekliniert.

Die Übersetzung des Gerundivums ist abhängig von der Art und Weise, wie es verwendet wird (vgl. § 185–187 und Grammatik Lektion 44, 188).

Für Gerundium und Gerundivum wird manchmal der Oberbegriff »-nd-Formen« verwendet.

185 Das Gerundivum als Attribut

1. bei Präpositionen

(1) ad verba probanda — zur Überprüfung der Worte/um die Worte zu überprüfen

(2) in Sōcrate accūsandō — beim Anklagen des Sokrates/während man Sokrates anklagt

(3) Sōcratis accūsandī causā — * wegen des Anklagens des Sokrates/damit man Sokrates anklagt/um Sokrates anzuklagen

Bei diesen Beispielen steht das Gerundivum, weil es ein (Verbal-)Adjektiv ist, immer in KNG-Kongruenz mit dem zugehörigen Substantiv.

Du kannst das Gerundivum zunächst mit einem substantivierten Verb übersetzen; oft ist allerdings die Übersetzung mit einem Gliedsatz besser. In welchem Kasus du das zum Gerundivum gehörende Substantiv übersetzt, ist vom Zusammenhang abhängig: Wenn du z. B. das Gerundivum in Beispiel 2 substantivisch mit »(beim) Anklagen« übersetzt, tritt das zugehörige Substantiv in den Genitiv: »des Sokrates«. Wenn du das Gerundivum aber mit einem Gliedsatz wiedergibst, richtet sich der Kasus des Substantivs nach der Bedeutung des Verbs, das jetzt zum Prädikat geworden ist. Wen/Was klagt man an? Sokrates. »Sokrates« tritt also in den Akkusativ.

Gerundivkonstruktion	Semantische Funktion	Übersetzung mit
ad verba probanda	final	damit/um zu
in Sōcrate accūsandō	temporal	bei/während
Sōcratis accūsandī causā	final	damit/um zu

2. im Genitiv

cupiditās vēritātis dīcendae — *das Verlangen des Sagens der Wahrheit/das Verlangen, die Wahrheit zu sagen

Steht die Gerundivkonstruktion im Genitiv, empfiehlt sich immer die Übersetzung mit einem Infinitiv mit »zu«.

186 Das Gerundivum im Ablativ als adverbiale Bestimmung

Vēritāte dīcendā multīs odiō fuī.	Durch das Sagen der Wahrheit/Dadurch dass/Indem ich die Wahrheit sagte, war/wurde ich vielen verhasst.

Hier vertritt die Gerundivkonstruktion im Ablativ eine adverbiale Bestimmung.

Wenn du die Übersetzung mit einem Gliedsatz wählst, musst du gut aufpassen. Wie beim Gerundium (Grammatik Lektion 42, 180) musst du die Person und das Tempus aus dem Subjekt und dem Prädikat des Satzes erschließen, in dem das Gerundivum steht (Zeitverhältnis: gleichzeitig).

Übersetzungsmöglichkeiten der nd-Formen

Nominativ		laudā-re				zu loben/das Loben
Genitiv		lauda-	ND	-ī		zu loben/des Lobens
					causā	um zu loben/wegen des Lobens
Akkusativ		laudā-re				zu loben/das Loben
Akkusativ + Präp.	ad	lauda-	ND	-um		zu loben/zum Loben
Ablativ		lauda-	ND	-ō		durch (das) Loben
Ablativ + Präp.	in	lauda-	ND	-ō		beim Loben

187 Das Gerundivum als Prädikativum

Cūstōdibus mē in carcerem dūcendum trādite!	Übergebt mich den Wächtern *zum mich ins Gefängnis Führen/…, damit sie mich ins Gefängnis führen.
Litterās legendās vōbīs dedī.	Ich habe euch den Brief gegeben zum Lesen/, damit ihr ihn lest.

Hier stehen die Gerundiva dūcendum und legendās in prädikativer Verwendung bei den Verben trādere und dare. Das Gerundivum steht in prädikativer Verwendung auch bei anderen Verben des Gebens, Übergebens, Lassens (cūrāre) und Überlassens. Steht das Gerundivum prädikativ, gibt es einen Zweck an. Semantische Funktion: final.

Lektion 44

188 Das Gerundivum als Prädikatsnomen

(1) Catō dīcēbat: »Carthāgō **dēlenda est**.«	Cato sagte immer wieder: »Karthago **muss zerstört werden.**«
(2) Homō **occīdendus nōn est**.	Ein Mensch **darf nicht getötet werden**./ Man darf keinen Menschen töten.
(3) Philosophand**um est**.	**Es muss** philosophiert werden./Man muss philosophieren.

Das Gerundivum in Beispielsatz 1 steht als Prädikatsnomen zu einer Form von esse. In dieser Funktion zeigt es an, dass etwas getan werden muss.

Bei der Übersetzung musst du also auf zweierlei achten: dass das Gerundivum hier passivische Bedeutung hat und dass es ein Müssen ausdrückt.

In Beispielsatz 2 ist das Gerundivum ebenfalls Prädikatsnomen zu einer Form von esse. Hier aber ist es verneint und zeigt damit an, dass etwas nicht getan werden darf.

An diesem Beispiel siehst du auch, dass eine aktivische Übersetzung eleganter sein kann.

Beispiel 3 besteht aus einem unpersönlichen Ausdruck: Der Satz hat kein ausdrückliches Subjekt und das Gerundivum steht im Neutrum Singular.

Deshalb steht in der deutschen Übersetzung als Subjekt »es« (in der aktivischen Übersetzung ist das Subjekt »man«).

189 Datīvus auctōris

(1) Carthāgō **Rōmānīs** dēlenda est.	Karthago muss **von den Römern** zerstört werden.
(2) Philosophandum **nōbīs** est.	*Es muss **von uns** philosophiert werden. → Wir müssen philosophieren.
(3) Lēgēs **cīvibus** neglegendae nōn sunt.	Die Gesetze dürfen **von den Bürgern** nicht missachtet werden. Die Bürger dürfen die Gesetze nicht missachten.

Der Dativ bei einem als Prädikatsnomen verwendeten Gerundivum zeigt an, von wem etwas getan werden muss oder nicht getan werden darf. Dieser Dativ heißt in der Fachsprache **datīvus auctōris** (von auctor: Urheber; Dativ des Urhebers).

(4) Deīs pārendum est.	Den Göttern muss gehorcht werden./ Man muss den Göttern gehorchen.
(5a) Deīs hominibus pārendum est.	Den Göttern muss von den Menschen gehorcht werden. → Die Menschen müssen den Göttern gehorchen.
(5b) Deīs ab hominibus pārendum est.	Den Göttern muss von den Menschen gehorcht werden. → Die Menschen müssen den Göttern gehorchen.

Beispiel 4 zeigt dir, dass ein Dativ beim Gerundivum nicht immer ein datīvus auctōris sein muss. Hier ist deīs Dativ-Objekt, denn du kannst fragen: Wem muss gehorcht werden? – Den Göttern. Theoretisch könnte deīs auch ein datīvus auctōris sein: Es muss von den Göttern gehorcht werden. → Die Götter müssen gehorchen. Diese Aussage ist aber – ohne einen entsprechenden Textzusammenhang – nicht sehr wahrscheinlich. Der Sinn des Satzes entscheidet also darüber, wie du einen Dativ beim Gerundivum übersetzt.

Im Beispielsatz 5a ist das Gerundivum mit zwei Dativen verbunden, einem Objektsdativ und einem datīvus auctōris. Anstelle des Dativs des Urhebers steht in solchen Fällen manchmal – wie in Beispielsatz 5b – auch ā/ab + Ablativ.

Damit kennst du nun vier verschiedene semantische Funktionen des Dativs:

Beispiel		**Semantische Funktion**	**Name des Dativs in der Fachsprache**
Lūcillae timor est.	Lucilla hat Angst.	Besitzer	datīvus possessīvus
Pontifex Iūnōnī deae agnellam sacrificat.	Der Priester opfert der Göttin Iuno/ für die Göttin Iuno ein Lamm.	Vorteil	datīvus commodī
Vīlla poētae māgnō gaudiō est.	Das Landhaus bereitet dem Dichter große Freude.	Zweck	datīvus fīnālis
Philosophandum nōbīs est.	Wir müssen philosophieren.	Urheber	datīvus auctōris

Vier Arten kennst du schon vom Datīvus:
Auctōris, Fīnālis, Commodī und Possessīvus.
Urheber, Zweck, Vorteil oder den, der hat,
bezeichnet der Dativ, in der Tat.

190 Genitīvus quālitātis

Catō vir **māgnae sevēritātis** erat. Cato war ein Mann (**von**) **großer Strenge**./Cato war ein sehr strenger Mann.

Der Genitiv māgnae sevēritātis gibt eine Eigenschaft an und heißt deshalb **genitīvus quālitātis** (von quālitās: Eigenschaft). In unserem Beispiel steht er als Attribut zu vir. Anders als der ablatīvus quālitātis, der meist eine vorübergehende Eigenschaft bezeichnet (vgl. Grammatik Lektion 28, 128), bezeichnet der genitīvus quālitātis ein dauerhaftes Charaktermerkmal.

Damit kennst du nun fünf verschiedene semantische Funktionen des Genitivs:

Beispiel		**Semantische Funktion**	**Name des Genitivs in der Fachsprache**
fīliī senātōrum Puellae est vīllam cūrare.	die Söhne der Senatoren Es ist Aufgabe eines Mädchens, sich um das Haus zu kümmern.	Besitzer	genitīvus possessīvus
timor servī	die Angst des Sklaven	»logisches« Subjekt	genitīvus subiectīvus
timor clādis	die Angst vor der Niederlage	»logisches« Objekt	genitīvus obiectīvus
māgnus numerus iuvenum	eine große Zahl von jungen Männern	das Ganze, von dem ein Teil genannt ist	genitīvus partītīvus
vir māgnae sevēritātis	ein Mann von großer Strenge	Eigenschaft	genitīvus quālitātis

Viermal vus und tātis einmal,
merk dir das für den zweiten Fall:
Possessīvus, Subiectīvus,
Obiectīvus, Partītīvus
und zuletzt noch der auf -tātis,
der Genitīvus quālitātis.

Lektion 46

191 Verba dēfectīva

Karolus medicōs **ōderat**. Karl **hasste** die Ärzte.

Ōdisse ist ein Verb, dessen Formen alle vom Perfektstamm abgeleitet werden und von dem es keinen Präsensstamm gibt. Verben, die nicht alle Formen bilden können, heißen **verba dēfectīva** (von dēficere: fehlen).

Ōdisse hat außerdem die Besonderheit, dass die Perfektformen mit Präsens – ōdī: ich hasse – und die Plusquamperfektformen mit Imperfekt – ōderam: ich hasste – übersetzt werden. Lies dazu noch einmal Grammatik Lektion 16, 83 (resultatives Perfekt).

Du kennst übrigens bereits zwei weitere verba dēfectīva: coepī/coepisse und inquit.

192 Indefinitpronomina (Zusammenfassung)

Du kennst nun die häufigsten Indefinitpronomina:

substantivisch	**adjektivisch**
aliquis, aliqua, aliquid: 1. irgendeiner, irgendeine, irgendetwas 2. jemand, etwas (vgl. Grammatik Lektion 28, 127.2)	aliquī, aliqua, aliquod: irgendein, irgendeine, irgendein; *Pl.:* manche, einige (vgl. Grammatik Lektion 28, 127.1)
quīdam, quaedam, quiddam: ein gewisser, eine gewisse, ein gewisses; *Pl.:* einige, manche (vgl. Grammatik Lektion 20, 110)	quīdam, quaedam, quoddam: ein gewisser, eine gewisse, ein gewisses; *Pl.:* einige, manche (vgl. Grammatik Lektion 20, 110)
quisque, quaeque, quidque: jeder (vgl. Grammatik Lektion 40, 173)	quisque, quaeque, quodque: jeder (vgl. Grammatik Lektion 40, 173)
uterque, utraque, utrumque: jeder von beiden; beide (vgl. § 194)	uterque, utraque, utrumque: jeder von beiden; beide (vgl. § 194)
nēmō, nihil: niemand, nichts	

Nēmō und nihil werden wie folgt dekliniert:

Nominativ	nēmō	nihil
Genitiv	nūllīus	nūllīus reī
Dativ	nēminī	nūllī reī
Akkusativ	nēminem	nūllam rem
Ablativ	ā nūllō	ā nūllā rē

193 Pronominaladjektive (Zusammenfassung)

Numquam **ūllum** bellum saevius erat. — Niemals war **irgendein** Krieg grausamer.

Timeō hominem **ūnīus** librī. — Ich fürchte den Menschen *__eines einzigen__ Buches → den Menschen, der **nur ein (einziges)** Buch gelesen hat/kennt.

Ūllus, ūlla, ūllum, »irgendein«, und ūnus, ūna, ūnum, »ein einziger«, werden nach der ā- und o-Deklination dekliniert. Sie bilden wie einige Pronomina (z. B. ille und ipse) den Genitiv Singular auf **-īus** und den Dativ Singular auf **-ī** und heißen **Pronominaladjektive**.

Zu diesen Pronominaladjektiven gehören außer ūllus, ūlla, ūllum und ūnus, ūna, ūnum auch Wörter, die du bereits kennst:

sōlus, sōla, sōlum — allein, einzig
tōtus, tōta, tōtum — ganz
alter, altera, alterum — der andere (von zweien)
nūllus, nūlla, nūllum — kein
alius, alia, ali**ud** — ein anderer

Der Genitiv Singular von alius lautet **alterīus**.

194 uterque, utraque, utrumque: jeder von beiden; beide

uterque rēx — **jeder der beiden** Könige, **beide** Könige
in **utrāque** rīpā flūminis — auf **beiden** Ufern des Flusses

Uterque, utraque, utrumque ist ein **Indefinitpronomen** (vgl. Grammatik Lektion 20, 110), das im Lateinischen fast nur im Singular vorkommt, obwohl es vom Sinn her einen Plural bezeichnet. Im Deutschen wird es meist mit »beide«, also pluralisch, wiedergegeben. Wie die anderen Indefinitpronomina endet auch uterque, utraque, utrumque im Genitiv Singular auf **-īus** und im Dativ Singular auf **-ī**.

	m.	f.	n.
Nominativ	uterque	utraque	utrumque
Genitiv	utrīusque	utrīusque	utrīusque
Dativ	utrīque	utrīque	utrīque
Akkusativ	utrumque	utramque	utrumque
Ablativ	utrōque	utrāque	utrōque

ūnus, sōlus, tōtus, ūllus
sowie alter und auch nūllus
und uterque haben alle
***-īus** in dem zweiten Falle*
und im Dativ enden sie
stets mit einem langen -ī.

195 Deklination der Zahlwörter

195.1 Grundzahlen

ūnus	ūna	ūnum
ūnīus	ūnīus	ūnīus
ūnī	ūnī	ūnī
ūnum	ūnam	ūnum
ūnō	ūnā	ūnō

duo	duae	duo
duōrum	duārum	duōrum
duōbus	duābus	duōbus
duo/duōs	duās	duo
duōbus	duābus	duōbus

trēs	trēs	tria
trium	trium	trium
tribus	tribus	tribus
trēs	trēs	tria
tribus	tribus	tribus

mīlia
mīlium
mīlibus
mīlia
mīlibus

Die Zahlen 1–3 stehen in KNG-Kongruenz zu ihrem Beziehungswort. Alle Hunderter ab 200 werden nach der ā- und o-Deklination dekliniert und stehen ebenfalls in KNG-Kongruenz zu ihrem Beziehungswort. Alle anderen Grundzahlen bleiben unverändert:

tria flūmina	drei Flüsse
ducenta bella	200 Kriege
decem mīlia hominum	10 000 Menschen
quattuor annī	vier Jahre

195.2 Ordnungszahlen

Alle Ordnungszahlen werden nach der ā- und o-Deklination dekliniert und stehen in KNG-Kongruenz zu ihrem Beziehungswort:

septimō diē am siebten Tag

196 Zahlwörter

Ziffern	Grundzahlen	Ordnungszahlen
1 I	ūnus, ūna, ūnum	prīmus (prior)
2 II	duo, duae, duo	secundus (alter)
3 III	trēs, trēs, tria	tertius
4 IV	quattuor	quārtus
5 V	quīnque	quīntus
6 VI	sex	sextus
7 VII	septem	septimus
8 VIII	octō	octāvus
9 IX	novem	nōnus
10 X	decem	decimus
11 XI	ūndecim	ūndecimus
12 XII	duodecim	duodecimus
13 XIII	trēdecim	tertius decimus
14 XIV	quattuordecim	quārtus decimus
15 XV	quīndecim	quīntus decimus
16 XVI	sēdecim	sextus decimus
17 XVII	septendecim	septimus decimus
18 XVIII	duodēvīgintī	duodēvīcēsimus
19 XIX	ūndēvīgintī	ūndēvīcēsimus

Anmerkung zu den Zahlen 18/19, 28/29 usw.: Die Verbindungen von 8 und 9 mit einer Zehnerzahl werden durch Subtraktion vom nächsten Zehner gebildet:

duo-dē-vīgintī: 18
ūn-dē-vīgintī: 19

Ziffern	Grundzahlen	Ordnungszahlen
20 XX	vīgintī	vīcēsimus
21 XXI	ūnus et vīgintī	ūnus et vīcēsimus
22 XXII	duo et vīgintī	alter et vīcēsimus
28 XXVIII	duodētrīgintā	duodētrīcēsimus
29 XXIX	ūndētrīgintā	ūndētrīcēsimus
30 XXX	trīgintā	trīcēsimus
40 XL	quadrāgintā	quadrāgēsimus
50 L	quīnquāgintā	quīnquāgēsimus
60 LX	sexāgintā	sexāgēsimus
70 LXX	septuāgintā	septuāgēsimus
80 LXXX	octōgintā	octōgēsimus
90 XC	nōnāgintā	nōnāgēsimus
100 C	centum	centēsimus
200 CC	ducentī	ducentēsimus
300 CCC	trēcentī	trēcentēsimus
400 CCCC	quadringentī	quadringentēsimus
500 D	quīngentī	quīngentēsimus
600 DC	sescentī	sescentēsimus
700 DCC	septingentī	septingentēsimus
800 DCCC	octingentī	octingentēsimus
900 DCCCC	nōngentī	nōngentēsimus
1000 M	mīlle	mīllēsimus
2000 MM	duo mīlia	bis mīllēsimus
10000 XM	decem mīlia	deciēs mīllēsimus
100000 CM	centum mīlia	centiēs mīllēsimus

Lektion 47

197 Konditionalsätze

(1) Sī hoc dīcis, errās.	Wenn du das (wirklich) sagst, irrst du dich.
(2) Sī hoc dīxistī, errāvistī.	Wenn du das (wirklich) gesagt hast, hast du dich geirrt.
(3) Sī hoc dīcās (dīxeris), errēs (errāveris).	Wenn du dies sagen solltest/würdest (und das wäre möglich), würdest du dich irren.
(4) Sī hoc dīcērēs, errārēs.	Wenn du dies sagen solltest/würdest (aber das ist undenkbar), würdest du dich irren.
(5) Sī hoc dīxissēs, errāvissēs.	Wenn du dies gesagt hättest (aber du hast es nicht gesagt), hättest du dich geirrt.

Der Indikativ in den Sätzen 1 und 2 zeigt an, dass der Sprecher von einem tatsächlichen Fall ausgeht: Wenn du das sagst/gesagt hast (und daran, dass du das tust/getan hast, gibt es keinen Zweifel), dann irrst du dich/hast du dich geirrt (und auch das steht zweifelsfrei fest). In der Fachsprache heißt dieses konditionale Satzgefüge **Realis der Gegenwart/der Vergangenheit** (von reālis: wirklich).

Der Konjunktiv Präsens/Konjunktiv I der Gleichzeitigkeit (oder – ohne Bedeutungsunterschied – der Konjunktiv Perfekt/Konjunktiv I der Vorzeitigkeit) in Satz 3 bringt eine gewisse Unsicherheit des Sprechers zum Ausdruck. Er ist nicht sicher, dass die angesprochene Person etwas Bestimmtes sagen wird, hält es aber für möglich. Ein solches Satzgefüge heißt **Potentialis der Gegenwart** (von potentiālis: möglich).

Im Satz 4 zeigt der Konjunktiv Imperfekt/Konjunktiv II der Gleichzeitigkeit, dass der Sprecher es für ausgeschlossen hält, dass der Angesprochene diese Äußerung tut. Hier handelt es sich also um eine Situation, die der Sprecher als unwirklich darstellt. Daher spricht man hier von einem **Irrealis der Gegenwart** (von irreālis: unwirklich).

Der Konjunktiv Plusquamperfekt/Konjunktiv II der Vorzeitigkeit in Satz 5 bezeichnet ebenfalls einen unwirklichen Fall. Anders als in Satz 4 wird der Fall hier als abgeschlossen dargestellt: Sowohl die Bedingung (»wenn du dies gesagt hättest«) als auch die Folgerung (»dann hättest du dich geirrt«) liegen in der Vergangenheit. Deshalb heißt dieses Satzgefüge **Irrealis der Vergangenheit**.

Konditionalsatz und Hauptsatz	**Semantische Funktion**
Indikativ Präsens	Realis der Gegenwart
Indikativ Perfekt	Realis der Vergangenheit
Konjunktiv Präsens/Konjunktiv I der Gleichzeitigkeit Konjunktiv Perfekt/Konjunktiv I der Vorzeitigkeit	Potentialis der Gegenwart
Konjunktiv Imperfekt/Konjunktiv II der Gleichzeitigkeit	Irrealis der Gegenwart
Konjunktiv Plusquamperfekt/Konjunktiv II der Vorzeitigkeit	Irrealis der Vergangenheit

Lektion 48

198 Modi im Relativsatz

198.1 Der Indikativ im Relativsatz

Is, quī/Quī amatōriam epistulam scrībit, puellam sibi conciliāre cupit.	Derjenige, der/Wer einen Liebesbrief schreibt, möchte das Mädchen für sich gewinnen.

Der Indikativ im lateinischen Relativsatz zeigt, dass es sich bei der Aussage des Relativsatzes um eine objektive Feststellung handelt.

198.2 Der Konjunktiv im Relativsatz

Steht ein lateinischer Relativsatz im Konjunktiv, enthält er eine zusätzliche Information, einen sogenannten (adverbialen) **Nebensinn**. Bei der Übersetzung musst du überlegen, in welchem Sinnverhältnis der Relativsatz zum übergeordneten Satz steht.

a) kausal

Iuvenis, quī puellam sibi conciliāre **cupiat**, epistulam scrībit.	**Weil** der junge Mann ein Mädchen für sich gewinnen will, schreibt er ihr einen Brief.

b) final

Dīgnī videntur, quī **amentur**.	Sie scheinen würdig, ***damit** sie geliebt werden → geliebt zu werden./Sie scheinen es zu verdienen, geliebt zu werden.

c) konzessiv

Puella, cui epistula amātōria **data sit**, nōn gaudet.	Das Mädchen freut sich nicht, **obwohl** es einen Liebesbrief bekommen hat.

In den Beispielen a bis c wird der lateinische Relativsatz nicht mehr mit einem Relativsatz, sondern mit einem adverbialen Gliedsatz übersetzt. Im deutschen Gliedsatz steht hier immer der Indikativ.

d) konsekutiv

(1) Nēmō est, quī **nesciat** …	Es gibt niemanden, der nicht weiß …
(2) Num quemquam amābit, quī ipse sēmet **ōderit**?	Wird einer, der sich selbst hasst, (etwa) jemanden lieben (können)?

Der konsekutive Nebensinn wird im Deutschen meist nicht wiedergegeben. Du kannst ihn dir erklären, indem du »so beschaffen, dass« einsetzt:

(1) *Es gibt niemanden, der so beschaffen ist, dass er nicht weiß …

(2) *Wird einer, der so beschaffen ist, dass er sich selbst hasst, (etwa) jemanden lieben (können)?

Übersetzungstipp

Wenn du im lateinischen Text einen Relativsatz entdeckst, achte genau auf den Modus.

Steht das Prädikat des lateinischen Relativsatzes im Indikativ, so übersetze es ebenfalls mit einem Indikativ.

Steht das Prädikat des lateinischen Relativsatzes aber im Konjunktiv, überlege, welcher »Nebensinn« ausgedrückt sein könnte: Ist er kausal, final, konzessiv oder konsekutiv?

Entscheidest du dich für einen kausalen, finalen oder konzessiven Nebensinn, übersetze den lateinischen Relativsatz mit einem (indikativischen) Kausal-, Final- oder Konzessivsatz (weil, damit/(um) zu, obwohl).

Entscheidest du dich für einen konsekutiven Nebensinn, übersetze den lateinischen Relativsatz als (indikativischen) Relativsatz.

*

Lateinischer Relativsatz	Deutscher Relativsatz
im Indikativ	im Indikativ
im Konjunktiv	kausal ➔ Kausalsatz im Indikativ (»weil«)
	final ➔ Finalsatz im Indikativ (»damit«, »(um) zu«)
	konzessiv ➔ Konzessivsatz im Indikativ (»obwohl«)
	konsekutiv ➔ Relativsatz im Indikativ

199 quisquam, quicquam: jemand, etwas

	m.	n.
Nominativ	quisquam	quicquam
Genitiv	cuiusquam	cuiusquam
Dativ	cuiquam	cuiquam
Akkusativ	quemquam	quicquam
Ablativ	quōquam	quōquam

Die Pluralformen und das Femininum werden meist durch ūllus, ūlla, ūllum ersetzt.

200 quīvis, quaevīs, quidvīs[1]; quīvīs, quaevīs, quodvīs[2]: jeder beliebige

	Singular			Plural		
	m.	f.	n.	m.	f.	n.
Nominativ	quīvīs	quaevīs	quidvīs[1]/ quodvīs[2]	quīvīs	quaevīs	quaevīs
Genitiv	cuiusvīs	cuiusvīs	cuiusvīs	quōrumvīs	quārumvīs	quōrumvīs
Dativ	cuivīs	cuivīs	cuivīs	quibusvīs	quibusvīs	quibusvīs
Akkusativ	quemvīs	quamvīs	quidvīs[1]/ quodvīs[2]	quōsvīs	quāsvīs	quaevīs
Ablativ	quōvīs	quāvīs	quōvīs	quibusvīs	quibusvīs	quibusvīs

1 Substantivisch.
2 Adjektivisch.

Lektion 49

201 Ōrātiō oblīqua

(1) Columbus scrībit: »Multās īnsulās repperī.«	Kolumbus schreibt: »Ich habe viele Inseln entdeckt.«
(2) Columbus scrībit sē multās īnsulās repperisse.	Kolumbus schreibt, dass er viele Inseln entdeckt hat/habe.

In Beispiel 1 wird das, was Kolumbus schreibt, in direkter Rede wiedergegeben. Die direkte Rede ist, wie du natürlich weißt, an den Anführungsstrichen zu erkennen.

In Beispiel 2 hat sich der Sinn des Satzes nicht verändert, aber die Entdeckung der Inseln wird jetzt nicht mehr in direkter, sondern in indirekter Rede berichtet. Diese ist von dem Prädikat scrībit abhängig. Aus dem Hauptsatz »Multās īnsulās repperī« ist ein aci geworden: sē multās īnsulās repperisse.

Die indirekte Rede wird immer durch eine vom Sinn her passende Verbform eingeleitet, z. B. durch ein »Kopfverb« (vgl. Grammatik Lektion 9, 54) oder einen unpersönlichen Ausdruck (vgl. Grammatik Lektion 13, 72). In der Fachsprache heißt die indirekte oder abhängige Rede **ōrātiō oblīqua**.

(3) Columbus scrībit: »Incolae, quī illās īnsulās habitant, tam pavidī sunt, ut statim fugam cēperint.«	Kolumbus schreibt: »Die Leute, die jene Inseln bewohnen, sind so furchtsam, dass sie sofort die Flucht ergriffen haben.«
(4) Columbus scrībit/scrībet incolās, quī illās īnsulās habitent, tam pavidōs esse, ut statim fugam cēperint.	Kolumbus schreibt/wird schreiben, dass die Leute, die jene Inseln bewohnen, so furchtsam sind/seien, dass sie sofort die Flucht ergriffen hätten.

Wenn du die Beispiele 3 und 4 vergleichst, siehst du, dass der Hauptsatz der direkten Rede (incolae tam pavidī sunt) in der indirekten Rede als aci erscheint (incolās tam pavidōs esse). Der Relativsatz ist immer noch ein Relativsatz, steht aber in Beispiel 4 im Konjunktiv (statt habitant jetzt habitent). An dem Konsekutivsatz (ut statim fugam cēperint) hat sich nichts verändert: Ein konjunktivischer Gliedsatz in der direkten Rede steht auch in der indirekten Rede im Konjunktiv.

Damit kennst du bereits die wichtigsten Unterschiede zwischen direkter und indirekter Rede: Einem aci in der ōrātiō obliqua entspricht in der direkten Rede ein Hauptsatz, einem Gliedsatz ein Gliedsatz, wobei in der indirekten Rede die Gliedsätze immer im Konjunktiv stehen (vgl. aber Beispiel 6).

(5) Columbus scrīpsit/scrībēbat/ scrīpserat incolās, quī illās īnsulās habitārent, tam pavidōs esse, ut statim fugam cēpissent.	Kolumbus schrieb/hatte geschrieben, dass die Leute, die jene Inseln bewohnten, so furchtsam seien, dass sie sofort die Flucht ergriffen hätten.

Wenn du die Beispiele 4 und 5 vergleichst, siehst du, dass das einleitende Prädikat nun in einem Vergangenheitstempus steht, der Relativsatz nun im Konjunktiv II der Gleichzeitigkeit/Konjunktiv Imperfekt und der Konsekutivsatz im Konjunktiv II der Vorzeitigkeit/Konjunktiv Plusquamperfekt. Für die konjunktivischen Gliedsätze in der ōrātiō oblīqua gelten also auch die Regeln der Zeitenfolge (cōnsecūtiō temporum; vgl. Grammatik Lektion 36, 161).

(6) Trāditum est Chrīstophorum Columbum in mare, quod ab illō Indicum appellābātur, pervēnisse.	Es ist überliefert, dass Christoph Kolumbus in ein Meer, das von ihm das indische genannt wurde, gekommen war.

Steht innerhalb der indirekten Rede ein Relativsatz im Indikativ, so handelt es sich um einen eigenen Zusatz/Kommentar des Berichterstatters.

Direkte Rede	**Indirekte Rede**
Hauptsatz	aci
indikativischer/konjunktivischer Gliedsatz	konjunktivischer Gliedsatz

202 Die indirekte Rede im Deutschen

Im Deutschen steht die indirekte Rede im Konjunktiv, und zwar

im Konjunktiv I, wenn die entsprechende Form nicht mit der Form des Indikativs zusammenfällt:

Kolumbus schreibt, die Einwohner seien furchtsam.

im Konjunktiv II, wenn die entsprechende Form des Konjunktiv I mit der Form des Indikativ Präsens zusammenfällt:

Kolumbus schreibt, die Leute seien so furchtsam, dass sie die Flucht ergriffen hätten (und nicht: ergriffen haben).

Ist das Prädikat des Gliedsatzes vorzeitig zum Prädikat des die indirekte Rede einleitenden Satzes, so steht im Deutschen der Konjunktiv I von »haben« oder »sein« mit einem PPP:

Kolumbus sagt (wird sagen/sagte/hatte gesagt), er habe eine neue Insel entdeckt und sei darüber sehr glücklich gewesen.

Vokabeln

Lektion 26

Eigennamen

	C. (= Gāius) Iūlius Caesar	C. Iūliī Caesaris *m.*	C. Iulius Caesar *(römischer Politiker und Schriftsteller, 100–44 v. Chr.)*
	Gallia	Galliae *f.*	Gallien *(entspricht in etwa dem heutigen Frankreich)*
	Gallus	Gallī *m.*	Gallier
	Gallus	Galla, Gallum	gallisch
	Vercingetorīx	Vercingetorīgis *m.*	*Fürst der Arverner, einer gallischen Völkerschaft*

Stammformen bereits gelernter Verben

	agere	agō, ēgī, āctum	1. tun, machen 2. treiben 3. betreiben 4. (ver)handeln
	cupere	cupiō, cupīvī, cupītum	wünschen, wollen
	dēfendere	dēfendō, dēfendī, dēfēnsum	verteidigen, schützen
	īre	eō, iī, itum	gehen
	iubēre	iubeō, iussī, iussum	befehlen
	redīre	redeō, rediī, reditum	zurückgehen, zurückkehren
	subīre	subeō, subiī, subitum	auf sich nehmen
	tollere	tollō, sustulī, sublātum	hoch-, aufheben

Neue Vokabeln

Teil 1

	prōcōnsul	prōcōnsulis *m.*	Prokonsul *(ehemaliger Konsul)*
	dux	ducis *m.*	Führer, Heerführer
	ille	illa, illud	jener
	hic	haec, hoc	dieser
5	admīrābilis	admīrābilis, admīrābile	bewundernswert
	legiō	legiōnis *f.*	Legion *(römischer Heeresverband, bestehend aus etwa 6000 Mann)*
	obsīdere	obsīdō, obsēdī, obsessum	besetzen
	situs	sita, situm	gelegen
	locus	locī *m.*	Ort, Stelle

10	dēpellere	dēpellō, dēpulī, dēpulsum	vertreiben, verjagen
	sitis	sitis *f.*; *Akk.* sitim, *Abl.* sitī	Durst
	dēdere	dēdō, dēdidī, dēditum	übergeben, ausliefern
	sē dēdere		sich ergeben

Teil 2

	exsultāre	exsultō	jubeln
	līberālis	līberālis, līberāle	großzügig, freigebig
15	praebēre	praebeō	gewähren
	sē praebēre		sich geben, sich zeigen
	requiēscere	requiēscō, requiēvī	sich ausruhen
	ambitiō	ambitiōnis *f.*	Ehrgeiz
	immoderātus	immoderāta, immoderātum	maßlos
	parum	*Adv.*	zu wenig
20	memor	memoris *mit Gen.*	sich erinnernd/denkend *an*
	maximus	maxima, maximum	größter; sehr groß
	obsidiō	obsidiōnis *f.*	Belagerung
	mūnītiō	mūnītiōnis *f.*	1. Befestigung 2. Schanzarbeit
	exstruere	exstruō, exstrūxī, exstrūctum	aufbauen, errichten
25	tēlum	tēlī *n.*	Geschoss
	caedēs	caedis *f. Gen. Pl.* caedium	Mord; Blutbad, Gemetzel
	crūdēlis	crūdēlis, crūdēle	grausam
	quantus (?)	quanta, quantum	wie groß (?)

Lektion 27

Eigennamen

Augustus	Augustī *m.*	Augustus *(erster römischer Kaiser, 31 v.–14 n. Chr.)*
Bāiae	Bāiārum *f. Pl.*	Baiae *(Seebad bei Neapel)*
Iūlia	Iūliae *f.*	*Eigenname (hier: Tochter des Kaisers Augustus)*

Stammformen bereits gelernter Verben

convenīre	conveniō, convēnī, conventum	1. zusammenkommen 2. treffen

	ferre	ferō, tulī, lātum	1. bringen, tragen 2. ertragen
	reddere	reddō, reddidī, redditum	1. wiedergeben, bringen 2. machen *zu*
	scrībere	scrībō, scrīpsī, scrīptum	schreiben
	vīvere	vīvō, vīxī, vīctum	leben

Neue Vokabeln

	Rōmae	*Lokativ*	in Rom
	Rōmā	*Abl. sep.*	aus Rom
	prīnceps	prīncipis *m.*	1. Erster, Anführer 2. Kaiser
	nepōs	nepōtis *m.*	Enkel
5	ipse	ipsa, ipsum	selbst
	sevēritās	sevēritātis *f.*	Strenge
	ēducāre	ēducō	erziehen
	probus	proba, probum	rechtschaffen, anständig
	honestus	honesta, honestum	angesehen, anständig
10	iste	ista, istud	dieser (da); der da
	male	*Adv.*	schlecht
	corrigere	corrigō, corrēxī, corrēctum	verbessern
	libīdinōsus	libīdinōsa, libīdinōsum	zügellos, ausschweifend
	vītam agere		(s)ein Leben führen
15	poena	poenae *f.*	Strafe
	poenās *(mit Gen.)* dare		büßen *für*
	flāgitium	flāgitiī *n.*	Schande, Schandtat
	iūrāre	iūrō	schwören
	relēgāre	relēgō	verbannen
	opprobrium	opprobriī *n.*	1. Vorwurf 2. Schande
20	egēre	egeō, eguī, – *mit Abl.*	Mangel haben *an*
	vehementer	*Adv.*	heftig
	respondēre	respondeō, respondī, respōnsum	antworten, erwidern
	tālis	tālis, tāle	so beschaffen, solch ein
	continēns	continentis *f. Gen. Pl.* continentium	Festland
25	condiciō	condiciōnis *f.*	Bedingung
	paulō		(um) ein wenig, etwas
	nōscere	nōscō, nōvī, nōtum	kennenlernen

Lektion 28

Eigennamen

Nr.	Lateinisch	Formen	Deutsch
	Arminius	Arminiī *m.*	*Eigenname*
	Cheruscī	Cheruscōrum *m. Pl.*	Cherusker *(germanisches Volk an der Weser)*
	Germānia	Germāniae *f.*	Germanien
	Germānus	Germānī *m.*	Germane
	Germānus	Germāna, Germānum	germanisch
	Vārus Quīntilius	Vārī Quīntiliī *m.*	*Eigenname*

Stammformen bereits gelernter Verben

Nr.	Lateinisch	Formen	Deutsch
	dīcere	dīcō, dīxī, dictum	sagen
	dūcere	dūcō, dūxī, ductum	führen
	interficere	interficiō, interfēcī, interfectum	töten

Neue Vokabeln

Nr.	Lateinisch	Formen	Deutsch
	exercitus	exercitūs *m.*	Heer
	ingenium	ingeniī *n.*	1. Anlage, Begabung 2. Wesen
	mītis	mītis, mīte	mild, sanft
	praeter	*mit Akk.*	außer
5	membrum	membrī *n.*	Glied
	metus	metūs *m.*	Furcht
	iūs	iūris *n.*	Recht
	iūs dīcere		Recht sprechen
	domāre	domō, domuī, domitum	1. zähmen 2. bezwingen
	arma	armōrum *n. Pl.*	Waffen
10	solēre	soleō	pflegen, gewohnt sein
	iūstitia	iūstitiae *f.*	Gerechtigkeit
	praetor	praetōris *m.*	Prätor *(oberster römischer Justizbeamter)*
	praeesse	praesum, praefuī *mit Dat.*	vorstehen, an der Spitze stehen, leiten
	mīlitāre	mīlitō	als Soldat dienen
15	aliquī	aliqua, aliquod *adjektivisch*	irgendein, irgendeine, irgendein; *Pl.* manche, einige
	aliquis	aliquid *substantivisch*	1. irgendeiner, irgendeine, irgendetwas 2. jemand, etwas
	ēgregius	ēgregia, ēgregium	hervorragend, ausgezeichnet
	cīvitās	cīvitātis *f.*	1. Gemeinde, Staat 2. Bürgerrecht

	dōnāre	dōnō	(be)schenken
20	cōgnōscere	cōgnōscō, cōgnōvī, cōgnitum	kennenlernen, erkennen, erfahren
	coniūrāre	coniūrō	sich verschwören
	silva	silvae *f.*	Wald
	palūs	palūdis *f.*	Sumpf
	horribilis	horribilis, horribile	entsetzlich, grauenhaft
25	opprimere	opprimō, oppressī, oppressum	1. unterdrücken, bedrängen 2. überfallen
	pedes	peditis *m.*	Fußsoldat
	eques	equitis *m.*	Reiter, Ritter
	manus	manūs ***f.***	1. Hand 2. Schar
	cōnserere	cōnserō, cōnseruī, cōnsertum	zusammenfügen, verbinden
	manūs cōnserere		handgemein werden, einen Kampf beginnen
30	interitus	interitūs *m.*	Untergang
	aliquem certiōrem facere	dē *mit Abl.*	jemanden informieren über
	lavāre	lavō, lāvī, lautum	waschen

Lektion 29

Eigennamen

Caesar	Caesaris *m.*	*Ehrentitel der römischen Kaiser*
Chrīstiānus	Chrīstiānī *m.*	Christ
Chrīstiānus	Chrīstiāna, Chrīstiānum	christlich
Circus Maximus	Circī Maximī *m.*	Circus Maximus *(Stadion/Rennbahn in Rom)*
Nerō	Nerōnis *m.*	Nero *(römischer Kaiser 54–68 n. Chr.)*

Stammformen bereits gelernter Verben

accipere	accipiō, accēpī, acceptum	annehmen, empfangen
conicere	coniciō, coniēcī, coniectum	1. werfen 2. vermuten
dēlēre	dēleō, dēlēvī, dēlētum	zerstören
recipere	recipiō, recēpī, receptum	aufnehmen

Neue Vokabeln

	incendium	incendiī *n.*	Brand
	ārdēre	ārdeō, ārsī, *Part. der Nachzeitigkeit Akt./Part. Fut. Akt.* ārsūrus	brennen
	ruere	ruō, ruī, rutum	stürzen
	tūtus	tūta, tūtum	sicher, geschützt
5	sē recipere		sich zurückziehen
	flamma	flammae *f.*	Flamme
	ventus	ventī *m.*	Wind
	vehemēns	vehementis	heftig
	alere	alō, aluī, altum	(er)nähren
10	taberna	tabernae *f.*	1. Laden, Werkstatt 2. Wirtshaus, Kneipe
	templum	templī *n.*	Tempel
	domus	domūs ***f.***	Haus
	corripere	corripiō, corripuī, correptum	zusammenraffen, ergreifen
	exstinguere	exstinguō, exstīnxī, exstīnctum	(aus)löschen
15	sextus	sexta, sextum	sechster
	antīquus	antīqua, antīquum	alt, altehrwürdig
	āmittere	āmittō, āmīsī, āmissum	verlieren
	vestis	vestis *f. Gen. Pl.* vestium	Kleid(ungsstück)
	rūmor	rūmōris *m.*	Gerücht
20	appellāre	appellō	nennen
	comprehendere	comprehendō, comprehendī, comprehēnsum	ergreifen
	vinculum	vinculī *n.*	Fessel
	in vincula conicere		in Fesseln legen, ins Gefängnis werfen
	crīmen	crīminis *n.*	1. Beschuldigung 2. Vergehen
	condemnāre	condemnō	verurteilen
25	condemnāre	*mit Gen.*	*wegen etwas* verurteilen
	crux	crucis *f.*	Kreuz
	affīgere	affīgō, affīxī, affīxum *mit Dat.*	anheften *an*
	crucī affīgere		ans Kreuz schlagen
	īnflammāre	īnflammō	in Brand stecken, anzünden

māgnificentissimus	māgnificentissima, māgnificentissimum	überaus prächtig

Lektion 30

Eigennamen

Britannia	Britanniae *f.*	Britannien
Gallus	Galla, Gallum	gallisch
Hadriānus	Hadriānī *m.*	Hadrian *(römischer Kaiser 117–138)*
Vindolanda	Vindolandae *f.*	*Kastell am Hadrianswall in Britannien*

Stammformen bereits gelernter Verben

manēre	maneō, mānsī, *Part. der Nachzeitigkeit Akt./Part. Fut. Akt.* mānsūrus	bleiben

Neue Vokabeln

praefectus	praefectī *m.*	Vorsteher, Befehlshaber
salūs	salūtis *f.*	Wohlergehen, Heil
salūtem dīcere		grüßen
vēr	vēris *n.*	Frühling
inīre	ineō, iniī, initum, *Part. der Gleichzeitigkeit/Part. Präs. Akt.* iniēns, ineuntis	1. hineingehen, betreten 2. anfangen, beginnen
castellum	castellī *n.*	Kastell
advenīre	adveniō, advēnī, adventum	ankommen
prīmum	*Adv.*	zum ersten Mal
opus	operis *n.*	1. Arbeit, Mühe 2. Werk, Bauwerk
circumspicere	circumspiciō, circumspexī, circumspectum	betrachten, mustern
ērigere	ērigō, ērēxī, ērēctum	aufrichten, errichten
repellere	repellō, reppulī, repulsum	zurücktreiben, -schlagen
quiēscere	quiēscō, quiēvī, quiētum	1. (sich aus)ruhen 2. Ruhe geben
statiō	statiōnis *f.*	Wachposten
barbarus	barbarī *m.*	Barbar, Ausländer
incolere	incolō, incoluī, incultum	wohnen, bewohnen
cōmitās	cōmitātis *f.*	Freundlichkeit, Umgänglichkeit
mercātūra	mercātūrae *f.*	Handel
mercātūrās facere		Handel treiben
māteria	māteriae *f.*	Baumaterial, (Bau-)Holz

	lāna	lānae *f.*	Wolle
	lānam facere		spinnen
20	frūgēs	frūgum *f. Pl.*	(Feld-)Früchte
	cervīsia	cervīsiae *f.*	Bier
	auxilia	auxiliōrum *n. Pl.*	Hilfstruppen
	herī	*Adv.*	gestern
	amīca	amīcae *f.*	Freundin
25	fugam capere		die Flucht ergreifen
	vēnātiō	vēnātiōnis *f.*	Jagd
	crēber	crēbra, crēbrum	zahlreich, häufig
	imber	imbris *m.* *Gen. Pl.* imbrium	Regen(guss)
	nebula	nebulae *f.*	Nebel
30	foedus	foeda, foedum	hässlich, scheußlich
	dulcis	dulcis, dulce	süß, angenehm
	valēre	valeō	1. stark/kräftig sein 2. gesund sein, sich wohlbefinden

Lektion 32

Neue Vokabeln

	sīc	*Adv.*	so
	ergō	*Adv.*	folglich, also
	fit		es geschieht
	fīat		es möge geschehen
	sīcut	*Adv.*	so wie
5	pānis	pānis *m.* *Gen. Pl.* pānium	Brot
	nē	*mit Konj. (Einleitung eines verneinten Wunsches)*	nicht
	indūcere	indūcō, indūxī, inductum	hineinführen
	tentātiō	tentātiōnis *f.*	Versuchung
	malum	malī *n.*	Übel
10	officium	officiī *n.*	Pflicht
	vīlicus	vīlicī *m.*	Verwalter
	disciplīna	disciplīnae *f.*	1. Lehre 2. Zucht, Disziplin
	fēriae	fēriārum *f. Pl.*	Fest-, Feiertage

	abstinēre	abstineō, abstinuī, abstentum *mit Abl.*	sich *einer Sache* enthalten, sich fernhalten *von*
15	noxa	noxae *f.*	1. Schaden 2. Schuld
	vindicāre	vindicō	1. beanspruchen 2. befreien 3. bestrafen
	male est alicui		jemandem geht es schlecht
	sōbrius	sōbria, sōbrium	nüchtern
	sapere	sapiō, sapīvī	1. klug/weise sein 2. verstehen, wissen
20	iniussū	*unveränderlich*	ohne Befehl, ohne Auftrag
	exigere	exigō, exēgī, exāctum	1. eintreiben, einfordern 2. ausführen, vollenden
	surgere	surgō, surrēxī, surrēctum	aufstehen, sich erheben
	postrēmus	postrēma, postrēmum	letzter
	prius	*Adv.*	früher, vorher
25	claudere	claudō, clausī, clausum	(ver)schließen
	cubāre	cubō, cubuī, cubitum	liegen, ruhen
	iūmentum	iūmentī *n.*	Zug-, Lasttier
	pābulum	pābulī *n.*	Futter
	ēbrius	ēbria, ēbrium	betrunken
30	nauta	nautae ***m.***	Seemann
	frīgidus	frīgida, frīgidum	kalt
	utinam	*mit Konj. (Einleitung eines Wunsches)*	o dass doch, hoffentlich
	levis	levis, leve	leicht

Lektion 33

Eigennamen

Asia	Asiae *f.*	Kleinasien
Athēnae	Athēnārum *f. Pl.*	Athen

Stammformen bereits gelernter Verben

mittere	mittō, mīsī, missum	1. schicken 2. werfen, schießen
venīre	veniō, vēnī, ventum	kommen

Neue Vokabeln

Text 1

aufugere	aufugiō, aufūgī, –	entfliehen
inde	*Adv.*	1. von dann 2. von dort 3. daher

fugitīvus	fugitīva, fugitīvum	flüchtig, entlaufen
cūstōdia	cūstōdiae *f.*	1. Wache, Bewachung 2. Gefängnis
trādere	trādō, trādidī, trāditum	übergeben, überliefern
rogāre	rogō	bitten, fragen
ut	*mit Konj.*	1. dass 2. sodass 3. damit
investīgāre	investīgō	aufspüren, ausfindig machen
dīligentia	dīligentiae *f.*	Sorgfalt
vel … vel		1. entweder … oder 2. teils … teils
nē	*mit Konj.*	1. dass nicht 2. damit nicht
rūrsus	*Adv.*	wieder
propter	*mit Akk.*	wegen
scelus	sceleris *n.*	Verbrechen

Text 2

litterātus	litterāta, litterātum	gebildet
aptē	*Adv.*	geeignet, passend
ōrātiō	ōrātiōnis *f.*	Rede
historia	historiae *f.*	1. Geschichte 2. Geschichtswerk
carmen	carminis *n.*	1. Spruch 2. Gedicht 3. Lied
legere	legō, lēgī, lēctum	1. lesen, vorlesen 2. sammeln
discere	discō, didicī, –	lernen
morbus	morbī *m.*	Krankheit
dēstināre	dēstinō	bestimmen, beschließen
recreāre	recreō	wiederherstellen, kräftigen
reficere	reficiō, refēcī, refectum	wiederherstellen
salūber	salūbris, salūbre	gesund
parcus	parca, parcum	sparsam
modestus	modesta, modestum	bescheiden

Text 3

ēbrius	ēbria, ēbrium	betrunken
nauta	nautae ***m.***	Seemann
frīgidus	frīgida, frīgidum	kalt
inūtilis	inūtilis, inūtile	nutzlos
ūtilis	ūtilis, ūtile	nützlich
optāre	optō	wünschen
remittere	remittō, remīsī, remissum	zurückschicken
nocēre	noceō	schaden

Lektion 34

Eigennamen

Chrīstus	Chrīstī *m.*	*Eigenname*
Mārcus	Mārcī *m.*	*Eigenname*
Plīnius (Secundus)	Plīniī (Secundī) *m.*	Plinius *(römischer Schriftsteller, um 100 n. Chr.; Statthalter in Bithynien, nördliches Kleinasien)*
Trāiānus	Trāiānī *m.*	Trajan *(römischer Kaiser 98–117 n. Chr.)*

Stammformen bereits gelernter Verben

invenīre	inveniō, invēnī, inventum	finden

Neue Vokabeln

Teil 1

	dubitāre	dubitō	1. zweifeln 2. zögern
	cum	*mit Konj.*	weil
	prōpōnere	prōpōnō, prōposuī, prōpositum	1. vorlegen 2. vorschlagen
	sine	*mit Abl.*	ohne
5	continēre	contineō, continuī, contentum	1. festhalten 2. enthalten, umfassen
	tamquam	*Adv.*	gleichwie, gleichsam (als)
	dēferre	dēferō, dētulī, dēlātum	1. überbringen 2. anzeigen
	num/-ne	*nach einem Verb des Fragens*	ob
	maledīcere	maledīcō, maledīxī, maledictum *mit Dat.*	*jemanden* schmähen, beleidigen
10	affirmāre	affirmō	versichern; bestätigen
	sacrāmentum	sacrāmentī *n.*	Eid
	obstringere	obstringō, obstrīnxī, obstrictum	verpflichten
	fūrtum	fūrtī *n.*	Diebstahl
	committere	committō, commīsī, commissum	1. veranstalten, begehen 2. anvertrauen
15	fidēs	fideī *f.*	Treue; Vertrauen
	fallere	fallō, fefellī, dēceptum	täuschen, betrügen
	fidem fallere		sein Wort brechen
	vērus	vēra, vērum	wahr

	tormentum	tormentī *n.*	Folter
	superstitiō	superstitiōnis *f.*	Aberglaube
20	cēterī	cēterae, cētera	die Übrigen
	supplicium	suppliciī *n.*	Todesstrafe, Hinrichtung
	pūnīre	pūniō	(be)strafen

Teil 2

	prōvincia	prōvinciae *f.*	Provinz; Amtsbereich
	implēre	impleō, implēvī, implētum	erfüllen
25	auctōritās	auctōritātis *f.*	Ansehen, Einfluss
	augēre	augeō, auxī, auctum	vermehren, vergrößern
	rēctē	*Adv.*	richtig
	tractāre	tractō	behandeln
	convincere	convincō, convīcī, convictum	*eines Verbrechens* überführen
30	profectō	*Adv.*	in der Tat, sicherlich, gewiss
	exemplum	exemplī *n.*	Beispiel
	nec/neque		und nicht, auch nicht, aber nicht
	saeculum	saeculī *n.*	Zeitalter; Jahrhundert

Lektion 35

Eigennamen

Tiberis	Tiberis *m.*	Tiber *(Fluss durch Rom)*

Stammformen bereits gelernter Verben

ascendere	ascendō, ascendī, ascēnsum	hinaufsteigen

Neue Vokabeln

Teil 1

	cum	*mit Konj.*	als, nachdem; obwohl
	regere	regō, rēxī, rēctum	lenken, leiten; verwalten
	damnāre	damnō	verurteilen
	nisī		wenn nicht
	nihil nisī		nichts außer
5	adicere	adiciō, adiēcī, adiectum	hinzufügen
	rescrībere	rescrībō, rescrīpsī, rescrīptum	zurückschreiben, antworten

	vetāre	vetō, vetuī, vetitum	verbieten
	sententia	sententiae *f.*	1. Meinung 2. Satz, Aussage
	cōnfūsus	cōnfūsa, cōnfūsum	wirr, verworren
10	innocēns	innocentis	unschuldig
	nocēns	nocentis	schuldig
	parcere	parcō, pepercī, *Part. der Nachzeitigkeit Akt./Part. Fut. Akt.* parsūrus; *mit Dat.*	(ver)schonen

Teil 2

	clādēs	clādis *f.* *Gen. Pl.* clādium	1. Niederlage 2. Unglück, Katastrophe
	moenia	moenium *n. Pl.*	Stadtmauer(n)
15	movēre	moveō, mōvī, mōtum	bewegen
	luēs	luis *f.* *Gen. Pl.* luium	Seuche
	id est		das heißt
	adventus	adventūs *m.*	Ankunft
	pauper	pauperis	arm
20	dīves	dīvitis	reich
	īnfimus	īnfima, īnfimum	niedrigster, geringster
	īnferre	īnferō, intulī, illātum	1. hineintragen 2. zufügen
	vērō	*Adv.*	aber, jedoch
	tunc	*Adv.*	damals, dann
25	dīripere	dīripiō, dīripuī, dīreptum	plündern
	cōnfugere	cōnfugiō, cōnfūgī, –	flüchten, fliehen
	adōrāre	adōrō	anbeten
	vetus	veteris	alt
	āvertere	āvertō, āvertī, āversum	abwenden
30	philosophus	philosophī *m.*	Philosoph

Lektion 36

Eigennamen

Benedictus	Benedictī *m.*	Benedikt *(von Nursia, um 500; Begründer des Ordens der Benediktiner)*

Stammformen bereits gelernter Verben

occīdere	occīdō, occīdī, occīsum	töten

prōmittere	prōmittō, prōmīsī, prōmissum	versprechen
recēdere	recēdō, recessī, recessum	zurückweichen; sich zurückziehen

Neue Vokabeln

rēgula	rēgulae *f.*	Regel
sōlitūdō	sōlitūdinis *f.*	Einsamkeit
monastērium	monasteriī *n.*	Kloster
praeceptum	praeceptī *n.*	Vorschrift
monachus	monachī *m.*	Mönch
ōrdō	ōrdinis *m.*	1. Ordnung 2. Stand, Klasse 3. Orden
observāre	observō	1. beobachten 2. beachten, befolgen
dīligere	dīligō, dīlēxī, dīlēctum	lieben, hochachten
cor	cordis *n.*	Herz
anima	animae *f.*	Seele
deinde	*Adv.*	dann, darauf
proximus	proxima, proximum	nächster
nē	*mit Konj. Perf.*	*verneinter Imperativ*
nē occīderitis		tötet nicht!, ihr sollt nicht töten!
falsus	falsa, falsum	falsch
testimōnium	testimōniī *n.*	1. Zeugnis 2. Beweis
honōrāre	honōrō	ehren
castīgāre	castīgō	züchtigen; zügeln
nūdus	nūda, nūdum	nackt
vestīre	vestiō	(be)kleiden
īnfirmus	īnfirma, īnfirmum	schwach, krank
nōlī/nōlīte	*mit Inf.*	*verneinter Imperativ*
nōlī/nōlīte timēre!		fürchte dich/fürchtet euch nicht!
patientia	patientiae *f.*	Geduld
inimīcus	inimīcī *m.*	Feind, Gegner
oboedīre	oboediō	gehorchen
aliter	*Adv.*	anders
abesse	absum, āfuī	abwesend sein
īnstrūmentum	īnstrūmentī *n.*	Instrument, Werkzeug
noctū	*Adv.*	nachts, bei Nacht
mercēs	mercēdis *f.*	Lohn; Preis
iūdicium	iūdiciī *n.*	1. Urteil 2. Gericht
dīligenter	*Adv.*	sorgfältig

Lektion 38

Eigennamen

Seneca	Senecae *m.*	Seneca *(römischer Staatsmann und Philosoph, etwa 4 v. Chr.–65 n. Chr.; Erzieher des Kaisers Nero)*

Stammformen bereits gelernter Verben

gaudēre	gaudeō, gāvīsus sum	sich freuen
solēre	soleō, solitus sum	pflegen, gewohnt sein
sūmere	sūmō, sūmpsī, sūmptum	nehmen

Neue Vokabeln

Text 1

	nūllus	nūlla, nūllum	kein
	sequī	sequor, secūtus sum *mit Akk.*	folgen, befolgen
	medicus	medicī *m.*	Arzt
	varius	varia, varium	bunt; verschieden
5	genus	generis *n.*	1. Geschlecht 2. Art
	modo … modo	*Adv.*	bald … bald
	vēnārī	vēnor, vēnātus sum	jagen
	interdum	*Adv.*	manchmal, bisweilen
	verērī	vereor, veritus sum	1. fürchten 2. verehren
10	īgnāvia	īgnāviae *f.*	Trägheit
	firmāre	firmō	stärken, kräftigen
	senectūs	senectūtis *f.*	(hohes) Alter
	adulēscentia	adulēscentiae *f.*	Jugend
	lavārī	lavor, lautus/lavātus sum	sich waschen, baden
15	ūtī	ūtor, ūsus sum *mit Abl.*	benutzen, gebrauchen
	īdem	eadem, idem	derselbe
	bis	*Adv.*	zweimal
	semel	*Adv.*	einmal

Text 2

	fierī	fīō, factus sum	1. werden 2. geschehen 3. gemacht werden
20	turpis	turpis, turpe	schimpflich, schändlich
	ēbrietās	ēbrietātis *f.*	Trunkenheit
	perturbāre	perturbō	(völlig) verwirren

	vidērī	videor, vīsus sum	scheinen
	quam	*bei Vergleichen*	als
25	voluntārius	voluntāria, voluntārium	freiwillig
	latēre		versteckt/verborgen sein
	lūx	lūcis *f.*	Licht
	in lūcem vocāre		ans Licht bringen
	incertus	incerta, incertum	unsicher
	dolēre		schmerzen; Schmerz empfinden
30	mōbilis	mōbilis, mōbile	beweglich
	patī	patior, passus sum	erdulden, erleiden
	mīrārī	mīror, mīrātus sum	sich wundern
	loquī	loquor, locūtus sum	sprechen

Lektion 39

Stammformen bereits gelernter Verben

	currere	currō, cucurrī, cursum	laufen
	pōnere	pōnō, posuī, positum	1. setzen, stellen 2. (ab)legen
	vidēre	videō, vīdī, vīsum	sehen

Neue Vokabeln

	tōnsor	tōnsōris *m.*	Friseur, Barbier
	sella	sellae *f.*	Stuhl, Sessel
	tempestās	tempestātis *f.*	1. Wetter 2. Unwetter, Sturm
	mālle	mālō, māluī	lieber wollen
5	cōnsīdere	cōnsīdō, cōnsēdī, cōnsessum	sich niederlassen, sich setzen
	rādere	rādō, rāsī, rāsum	rasieren
	cōnsuētūdō	cōnsuētūdinis *f.*	Gewohnheit
	pila	pilae *f.*	Ball
	velle	volō, voluī	wollen
10	iactāre	iactō	werfen
	at		aber, jedoch
	animadvertere	animadvertō, animadvertī, animadversum	bemerken
	faber	fabrī *m.*	Handwerker
	obīre	obeō, obiī, obitum	entgegengehen
	mortem obīre		sterben

15	damnum	damnī *n.*	Verlust, Schaden
	restituere	restituō, restituī, restitūtum	wiederherstellen, ersetzen
	in iūs vocāre		vor Gericht bringen
	accūsāre	accūsō	anklagen
	accūsāre dē	*mit Abl.*	anklagen wegen
	calamitās	calamitātis *f.*	Unglück, Unheil
20	afflīgere	afflīgo, afflīxī, afflīctum	niederschlagen
	iūdex	iūdicis *m.*	Richter
	īgnōrāre	īgnōrō	nicht kennen, nicht wissen
	nōlle	nōlō, nōluī	nicht wollen
	contrā	*1. Adv.* *2. mit Akk.*	1. dagegen, im Gegenteil 2. gegen
25	culpa	culpae *f.*	Schuld
	dēmum	*Adv.*	schließlich, erst
	firmus	firma, firmum	stark, sicher, zuverlässig
	amīcitia	amīcitiae *f.*	Freundschaft

Lektion 40

Eigennamen

Achāia	Achāiae *f.*	*Name der römischen Provinz Griechenland (Peloponnes und Mittelgriechenland)*

Stammformen bereits gelernter Verben

adīre	adeō, adiī, aditum *mit Akk.*	1. herangehen *an* 2. angreifen 3. besuchen 4. sich wenden *an*
relinquere	relinquō, relīquī, relictum	verlassen, zurücklassen

Neue Vokabeln

Text 1

	praecipere	praecipiō, praecēpī, praeceptum	1. vorausnehmen 2. vorschreiben
	praeceptor	praeceptōris *m.*	Lehrer
	amīcus	amīca, amīcum	freundschaftlich, freundlich
	admonēre	admoneō	(er)mahnen, erinnern
5	dīligēns	dīligentis	sorgfältig, gewissenhaft

	intellegere	intellegō, intellēxī, intellectum	einsehen, erkennen, verstehen
	hūmānitās	hūmānitātis *f.*	1. Menschenwürde 2. Menschlichkeit 3. Bildung
	litterae	litterārum *f. Pl.*	1. Schrift 2. Brief 3. Wissenschaft(en)
	benīgnus	benīgna, benīgnum	gütig, freundlich
10	recordārī	recordor	zurückdenken *an*, sich erinnern *an*
	quisque	quaeque, quidque *substantivisch*	jeder
	quisque	quaeque, quodque *adjektivisch*	jeder
	reverērī	revereor	verehren
	glōria	glōriae *f.*	Ruhm
15	māgnitūdō	māgnitūdinis *f.*	Größe
	reliquus	reliqua, reliquum	übrig, restlich
	ēripere	ēripiō, ēripuī, ēreptum	entreißen
	dūrus	dūra, dūrum	hart
	ferus	fera, ferum	1. wild 2. grausam
20	barbarus	barbara, barbarum	barbarisch
	prōvinciālēs	prōvinciālium *m. Pl.*	Provinzbewohner
	administrāre	administrō	verwalten

Text 2

	pervenīre	perveniō, pervēnī, perventum	(hin)gelangen
	certus	certa, certum	sicher, entschieden
25	potissimum	*Adv.*	hauptsächlich, besonders
	praestāre	praestō, praestitī, praestitum, *Part. der Nachzeitigkeit Akt./Part. Fut. Akt.* praestātūrus	1. an den Tag legen, beweisen 2. voranstehen, übertreffen
	cōnsequī	cōnsequor, cōnsecūtus sum	1. nachfolgen 2. erreichen
	adipīscī	adipīscor, adeptus sum	erlangen, erreichen
	monumentum	monumentī *n.*	Denkmal, Andenken
30	prūdēns	prūdentis	klug
	suprēmus	suprēma, suprēmum	höchster, äußerster

Lektion 41

Stammformen bereits gelernter Verben

iacere	iaciō, iēcī, iactum	werfen, schleudern
trānsīre	trānseō, trānsiī, trānsitum	überqueren

Neue Vokabeln

Nr.			
	vāstus	vāsta, vāstum	1. öde 2. ungeheuer weit/groß
	flūmen	flūminis *n.*	Fluss
	illūstris	illūstris, illūstre	1. hell, glänzend 2. berühmt
	prīvātus	prīvāta, prīvātum	privat
5	fluere	fluō, flūxī, flūxum	fließen
	ōstium	ōstiī *n.*	1. Eingang 2. Mündung *eines Flusses*
	quoque	*Adv.*	auch
	cingere	cingō, cīnxī, cīnctum	umgürten, umgeben
	luxuria	luxuriae *f.*	Genusssucht
10	māgnus	māgna, māgnum	groß
		Komparativ māior, māius	größer
		Superlativ maximus, maxima, maximum	größter/am größten
	lacus	lacūs *m.*	See
	quam	*mit Superlativ*	möglichst + *Grundstufe des Adjektivs/Adverbs*
	splendidus	splendida, splendidum	glänzend; prächtig
	quam splendidissimus		möglichst glänzend; möglichst prächtig
	fundāmentum	fundāmentī *n.*	Grundlage, Fundament
	fundāmentum iacere		ein/das Fundament legen
15	aedificium	aedificiī *n.*	Gebäude, Bauwerk
	singulī	singulae, singula	einzeln, je einer
	parvus	parva, parvum	klein
		Komparativ minor, minus	kleiner
		Superlativ minimus, minima, minimum	kleinster/am kleinsten
	multī	multae, multa	viele
		Komparativ plūrēs, plūra (*Gen. Pl.* plūrium)	mehrere
		Superlativ plūrimī, plūrimae, plūrima	die meisten
	īnsatiābilis	īnsatiābilis, īnsatiābile	unersättlich

20	fastīdium	fastīdiī *n.*	Ekel, Überdruss
	fera	ferae *f.*	(wildes) Tier
	gūstāre	gūstō	kosten, probieren
	tot		so viele
	piscis	piscis *m.* *Gen. Pl.* piscium	Fisch
25	viscera	viscerum *n. Pl.*	Eingeweide; Leib, Bauch
	lābī	lābor, lāpsus sum	gleiten; fallen
	celer	celeris, celere	schnell
	quam celerrimē		möglichst schnell
	venter	ventris *m.* *Gen. Pl.* ventrium	(Unter-)Leib, Bauch
	avārus	avāra, avārum	(hab)gierig, geizig
30	malus	mala, malum	schlecht
		Komparativ peīor, pēius	schlechter
		Superlativ pessimus, pessima, pessimum	schlechtester/am schlechtesten
	bonus	bona, bonum	gut
		Komparativ melior, melius	besser
		Superlativ optimus, optima, optimum	bester/am besten
	citus	cita, citum	schnell

Lektion 42

Eigennamen

Aegyptus	Aegyptī *f.*	Ägypten
Hispania	Hispaniae *f.*	Spanien

Neue Vokabeln

	architectūra	architectūrae *f.*	Architektur
	īnscrībere	īnscrībō, īnscrīpsī, īnscrīptum	mit einer Inschrift versehen, betiteln
	cōnstruere	cōnstruō, cōnstrūxī, cōnstrūctum	(er)bauen, errichten
	regiō	regiōnis *f.*	Gebiet, Gegend
5	cōnstituere	cōnstituō, cōnstituī, cōnstitūtum	1. festsetzen, beschließen 2. errichten
	cursus	cursūs *m.*	Lauf, Bahn
	subicere	subiciō, subiēcī, subiectum	unterwerfen
	explicāre	explicō	erklären, ausführen

	distāre ā/ab	distō, –, – *mit Abl.*	1. entfernt sein von 2. sich unterscheiden von
10	merīdiānus	meridiāna, meridiānum	südlich
	ūrere	ūrō, ussī, ustum	verbrennen, versengen
	ūmor	ūmōris *m.*	Feuchtigkeit
	color	colōris *m.*	Farbe
	capillus	capillī *m.*	Haar
15	niger	nigra, nigrum	schwarz
	exiguus	exigua, exiguum	klein, gering, unbedeutend
	rebellāre	rebellō	rebellieren, sich auflehnen
	aptus	apta, aptum	geeignet, passend
	exhaurīre	exhauriō, exhausī, exhaustum	ausschöpfen, leeren
20	vīs	*f.; Akk.* vim; *Abl.* vī; *Pl.* vīrēs, vīrium	Kraft, Gewalt
	fundere	fundō, fūdī, fūsum	1. ausgießen 2. zerstreuen
	candidus	candida, candidum	weiß
	dīrēctus	dīrēcta, dīrēctum	gerade
	abundantia	abundantiae *f.*	Überfluss, Fülle
25	cupidus	cupida, cupidum *mit Gen.*	begierig *nach etwas/zu tun*
	cupidus pūgnandī		begierig zu kämpfen
	incola	incolae *m. und f.*	Einwohner(in), Bewohner(in)
	merīdiēs	merīdiēī ***m.***	Mittag
	fortitūdō	fortitūdinis *f.*	Tapferkeit
	temperātus	temperāta, temperātum	gemäßigt
30	collocāre	collocō	aufstellen, (hin)stellen, (hin)setzen
	causā	*mit vorausgehendem Gen.*	wegen; um zu
	videndī causā		wegen des Sehens, um zu sehen
	cadere	cadō, cecidī, *Part. der Nachzeitigkeit Akt./Part. Fut. Akt.* cāsūrus	fallen

Lektion 43

Eigennamen

Sōcratēs	Sōcratis *m.*	*griechischer Philosoph (4. Jahrhundert v. Chr.)*
Pȳthia	Pȳthiae *f.*	*Orakelpriesterin in Delphi*

Stammformen bereits gelernter Verben

	dēsistere	dēsistō, dēstitī, –	aufhören
	īnspicere	īnspiciō, īnspexī, īnspectum	hineinschauen, ansehen

Neue Vokabeln

	probrum	probrī *n.*	1. Vorwurf 2. Schandtat
	maledictum	maledictī *n.*	Beschimpfung, Schmähung
	accūsātor	accūsātōris *m.*	Ankläger
	congerere	congerō, congessī, congestum	zusammentragen
	congerere aliquid in aliquō		jemanden mit etwas überhäufen
5	cōnsilium capere		einen Entschluss fassen
	refellere	refellō, refellī, –	widerlegen
	mōs	mōris *m.*	Sitte; *im Pl.:* Sitten; Charakter
	corrumpere	corrumpō, corrūpī, corruptum	1. verderben 2. bestechen
	aestimāre	aestimō	schätzen, meinen
	sē sapientem aestimāre		sich für weise halten
10	quī?	*alter Abl.*	wie (nun)?, warum?
	probāre	probō	1. untersuchen, prüfen 2. billigen
	inquīrere	inquīrō, inquīsīvī, inquīsītum	1. (auf)suchen 2. untersuchen, prüfen
	perficere	perficiō, perfēcī, perfectum	ausführen, vollenden
	exīstimāre	exīstimō	schätzen, meinen
	se sapientem exīstimāre		sich für weise halten
15	dēmōnstrāre	dēmōnstrō	darlegen, beweisen
	persuādēre	persuādeō, persuāsī, persuāsum	1. *mit ut:* überreden 2. *mit aci:* überzeugen
	mihi persuāsum est		ich bin überzeugt
	iūre	*Abl.*	mit Recht
	ēmittere	ēmittō, ēmīsī, ēmissum	1. herausschicken 2. freilassen
	pollicērī	polliceor, pollicitus sum	versprechen
20	sī modo		1. wenn nur 2. unter der Bedingung, dass
	versārī	versor, versātus sum	sich aufhalten

	colloquī	colloquor, collocūtus sum	sich unterhalten
	capitis damnāre		zum Tode verurteilen
	cupiditās	cupiditātis *f.*	Verlangen, Begierde
25	vēritās	vēritātis *f.*	Wahrheit
	īnserere	īnserō, īnsēvī, īnsitum	einpflanzen
	magis	*Adv.*	mehr
	prōmptus	prōmpta, prōmptum	bereit, entschlossen
	praesertim	*Adv.*	zumal, besonders
30	utrum … an		ob … oder
	bonum	bonī *n.*	(geistiges/moralisches) Gut
	age nunc/agite nunc		wohlan (denn)
	cūstōs	cūstōdis *m.*	Wächter
	carcer	carceris *m.*	Gefängnis
35	fortūna	fortūnae *f.*	1. Schicksal 2. Glück

Lektion 44

Eigennamen

Athēniēnsēs	Athēniēnsium *m. Pl.*	Athener
Mārcus Porcius Catō	Mārcī Porciī Catōnis *m.*	*römischer Staatsmann (234–149 v. Chr.)*

Stammformen bereits gelernter Verben

perīre	pereō, periī, *Part. der Nachzeitigkeit Akt./Part. Fut. Akt.* peritūrus	zugrunde gehen

Neue Vokabeln

	ōlim	*Adv.*	einst
	lēgātus	lēgātī *m.*	Gesandter
	senātus	senātūs *m.*	Senat
	senātum habēre		eine Senatsversammlung abhalten
	philosophia	philosophiae *f.*	Philosophie
5	disserere dē	disserō, disseruī, dissertum	etwas erörtern, sprechen über
	Quirītēs	Quirīt(i)um *m. Pl.*	Bürger von Rom
	philosophārī	philosophor	philosophieren
	pertinēre ad	pertineō, pertinuī, – *mit Akk.*	sich erstrecken, sich beziehen auf

mōnstrāre	mōnstrō	zeigen
stultitia	stultitiae *f.*	Dummheit
iūstus	iūsta, iūstum	gerecht
forte	*Adv.*	zufällig
naufragium	naufragiī *n.*	Schiffbruch
imbēcillus	imbēcilla, imbēcillum	schwach
tabula	tabulae *f.*	1. Brett, Tafel 2. Gemälde
dēicere	dēiciō, dēiēcī, dēiectum	herab-, hinunterstoßen
cōnscendere	cōnscendō, cōnscendī, cōnscēnsum	besteigen
testis	testis *m./f.* *Gen. Pl.* testium	Zeuge/Zeugin
etiamsī		auch wenn
morī	morior, mortuus sum	sterben
malitia	malitiae *f.*	Bosheit, Boshaftigkeit
praeferre	praeferō, praetulī, praelātum	vorziehen
dictum	dictī *n.*	Wort, (Aus-)Spruch
gravitās	gravitātis *f.*	1. Schwere 2. Ernst, Würde
lēgātiō	lēgātiōnis *f.*	Gesandtschaft
expellere	expellō, expulī, expulsum	heraus-, hinaustreiben
sollicitāre	sollicitō	erregen, beunruhigen
nēve	*mit Konj.*	und (dass/damit) nicht; und um nicht
cēterum	*Adv.*	im Übrigen, übrigens

Lektion 46

Eigennamen

Karolus Māgnus	Karolī Māgnī *m.*	Karl der Große *(800 n. Chr. zum Kaiser gekrönt)*

Stammformen bereits gelernter Verben

gerere	gerō, gessī, gestum	1. tragen 2. führen, ausführen

Neue Vokabeln

Teil 1

rōbustus	rōbusta, rōbustum	stark, kräftig
statūra	statūrae *f.*	Gestalt, Wuchs

mēnsūra	mēnsūrae *f.*	Maß
excēdere	excēdō, excessī, excessum	1. hinausgehen, sich entfernen 2. übersteigen
valētūdō	valētūdinis *f.*	Gesundheit(szustand)
quod	*mit Ind.*	1. weil 2. die Tatsache, dass; dass
praeter quod		außer dass
quattuor	*unveränderlich*	vier
febris	febris *f.* *Gen. Pl.* febrium	Fieber(anfall)
arbitrātus	arbitrātūs *m.*	Gutdünken, Wille
suō arbitrātū		nach seinem Gutdünken/Willen
paene	*Adv.*	fast
ōdisse	ōdī *(es gibt nur vom Perfektstamm abgeleitete Formen)*	hassen
suādēre	suādeō, suāsī, suāsum	raten
septimus	septima, septimum	siebter
dēcēdere	dēcēdō, dēcessī, dēcessum	1. weggehen, sich entfernen 2. aus dem Leben scheiden, sterben
aetās	aetātis *f.*	(Lebens-)Alter
secundus	secunda, secundum	1. zweiter; folgend 2. günstig

Teil 2

ūllus	ūlla, ūllum	irgendein
nātūra	nātūrae *f.*	Natur
cultus	cultūs *m.*	1. Pflege 2. Verehrung 3. Lebensart
trānsgredī	trānsgredior, trānsgressus sum	überschreiten, übertreten
arbitrārī	arbitror, arbitrātus sum	meinen, glauben, halten für
trīgintā	*unveränderlich*	dreißig
perfidia	perfidiae *f.*	Treulosigkeit
convertere	convertō, convertī, conversum	1. wenden 2. umstürzen
sē convertere		sich bekehren
resistere	resistō, restitī, –	widerstehen, Widerstand leisten
mīlle	*nur im Pl. deklinierbar:* mīlia, mīlium, mīlibus, mīlia, mīlibus	tausend
uterque	utraque, utrumque	jeder von beiden; beide
utraque rīpa		beide Ufer

	distribuere	distribuō, distribuī, distribūtum	verteilen
	efficere	efficiō, effēcī, effectum	1. hervorbringen, zustande bringen, bilden 2. machen *zu*
30	doctor	doctōris *m.*	1. Lehrer 2. Doktor
	quārē (?)		warum, weshalb (?)
	requīrere	requīrō, requīsīvī, requīsītum	nachforschen; fragen
	sentīre	sentiō, sēnsī, sēnsum	1. fühlen 2. merken

Lektion 47

Eigennamen

	Heloïsa	Heloïsae *f.*	*Eigenname*
	Petrus Abaelardus	Petrī Abaelardī *m.*	*Philosoph und Lehrer (um 1100 n. Chr.)*

Stammformen bereits gelernter Verben

	comperīre	comperiō, comperī, compertum	erfahren

Neue Vokabeln

	neptis	neptis *f.* *Gen. Pl.* neptium	1. Nichte 2. Enkelin
	ērudīre	ērudiō	unterrichten
	occāsiō	occāsiōnis *f.*	Gelegenheit
	familiāris	familiāris, familiāre	zur Familie gehörig, vertraut
5	avunculus	avunculī *m.*	Onkel
	grātuītō	*Adv.*	unentgeltlich, ohne Geld
	īnstruere	īnstruō, īnstrūxī, īnstrūctum	1. aufstellen, ausrüsten 2. unterrichten
	libenter	*Adv.*	gern
	cottīdiē	*Adv.*	täglich
10	coniungere	coniungō, coniūnxī, coniūnctum	verbinden
	sēcrētus	sēcrēta, sēcrētum	abgelegen, geheim
	recessus	recessūs *m.*	1. Rückzug 2. Versteck
	lēctiō	lēctiōnis *f.*	Lesen, Lektüre
	offerre	offerō, obtulī, oblātum	anbieten
15	aperīre	aperiō, aperuī, apertum	öffnen

	sēparātiō	sēparātiōnis *f.*	Trennung
	dēlīberāre	dēlīberō	1. erwägen, überlegen 2. beschließen
	mora	morae *f.*	Aufschub, Verzögerung
	trānsmittere	trānsmittō, trānsmīsī, trānsmissum	1. hinüberschicken 2. überschreiten
20	soror	sorōris *f.*	Schwester
	dōnec	*mit Ind.*	so lange als
		mit Konj.	so lange bis
	parere	pariō, peperī, partum	hervorbringen; gebären
	nōmināre	nōminō	nennen
	metuere	metuō, metuī, –	fürchten, sich fürchten
25	dīlēctus	dīlēcta, dīlēctum	geliebt, geschätzt
	lēnīre	lēniō	besänftigen, lindern
	dummodo	*mit Konj.*	wenn nur, sofern nur
	sēcrētō	*Adv.*	insgeheim, heimlich
	dētrīmentum	dētrīmentī *n.*	Schaden
	dētrīmentum īnferre		Schaden zufügen

Lektion 48

Stammformen bereits gelernter Verben

	addūcere	addūcō, addūxī, adductum	1. herbei-, heranführen 2. veranlassen
	nescīre	nesciō, nescīvī, nescītum	nicht wissen

Neue Vokabeln

Text 1

	amātōrius	amātōria, amātōrium	Liebes-
	multum	*Adv.*	1. viel, sehr 2. oft
	quod sī		wenn also
	mūtuus	mūtua, mūtuum	gegenseitig
5	ratiō	ratiōnis *f.*	1. Berechnung 2. Art und Weise 3. Vernunft
	laus	laudis *f.*	Lob
	misericordia	misericordiae *f.*	Mitleid, Erbarmen

	cum … tum		sowohl … als auch (ganz besonders)
	imprīmīs	*Adv.*	besonders, hauptsächlich
10	fōrma	fōrmae *f.*	1. Gestalt, Form 2. Schönheit
	similis	similis, simile	ähnlich
	cōnārī	cōnor, cōnātus sum	versuchen
	ostendere	ostendō, ostendī, ostentum	zeigen, entgegenstrecken
	facile	*Adv.*	leicht
15	dēspērātiō	dēspērātiōnis *f.*	Verzweiflung
	lāmentārī	lāmentor, lāmentātus sum	(be)jammern
	blandīrī	blandior, blandītus sum	schmeicheln
	dēspērāre	dēspērō	verzweifeln
	callidus	callida, callidum	schlau, geschickt
20	impetrāre	impetrō	durchsetzen, erlangen, erreichen
	dēcernere	dēcernō, dēcrēvī, dēcrētum	entscheiden, beschließen
	quīvīs	quaevīs, quidvīs; *Gen.* cuiusvīs, *Dat.* cuivīs *usw. substantivisch*	jeder beliebige
	quīvīs	quaevīs, quodvīs; *Gen.* cuiusvīs, *Dat.* cuivīs *usw. adjektivisch*	jeder beliebige
	abrumpere	abrumpō, abrūpī, abruptum	ab-, wegreißen

Text 2

25	aequē … ac/atque		gleich/ebenso (wie)
	admīrārī	admīror, admīrātus sum	bewundern
	necesse est		es ist nötig
	commendāre	commendō	1. anvertrauen 2. empfehlen
	quisquam, quicquam	*Gen.* cuiusquam, *Dat.* cuiquam *usw.*	jemand, etwas
30	dissidēre	dissideō, dissēdī, –	uneinig sein, nicht übereinstimmen
	voluptās	voluptātis *f.*	Vergnügen, Lust
	ac		und
	opīnārī	opīnor, opīnātus sum	meinen, vermuten
	excūsāre	excūsō	entschuldigen

Lektion 49

Eigennamen

	Chrīstophorus Columbus	Chrīstophorī Columbī *m.*	Christoph(er) Kolumbus *(spanischer Entdecker; 1451–1506)*

Stammformen bereits gelernter Verben

	dēscendere	dēscendō, dēscendī, dēscēnsum	hinab-, hinuntersteigen
	exīre	exeō, exiī, exitum	hinausgehen

Neue Vokabeln

Text 1

	discēdere	discēdō, discessī, discessum	weg-, auseinandergehen
	reperīre	reperiō, repperī, repertum	finden, entdecken
	contrādīcere	contrādīcō, contrādīxī, contrādictum	widersprechen
	possessiō	possessiōnis *f.*	Besitz
5	sexus	sexūs *m.*	Geschlecht
	incēdere	incēdō, incessī, incessum	1. einhergehen 2. eindringen
	folium	foliī *n.*	Blatt
	tegere	tegō, tēxī, tēctum	(be)decken
	ēvenīre	ēvenit, ēvēnit, ēventum est	sich ereignen
10	ubī	*mit Ind.*	sobald
	cernere	cernō, crēvī, crētum	1. wahrnehmen 2. entscheiden
	admodum	*Adv.*	ziemlich, sehr, durchaus
	simplex	simplicis	einfach, schlicht
	prohibēre	prohibeō	fernhalten, hindern
15	thēsaurus	thēsaurī *m.*	Schatz
	immō	*Adv.*	im Gegenteil
	potentia	potentiae *f.*	Macht
	praecipuē	*Adv.*	besonders
	scīlicet	*Adv.*	1. nämlich, das heißt 2. natürlich
20	sānctus	sāncta, sānctum	heilig
	conversiō	conversiōnis *f.*	Bekehrung
	revertī	revertor, revertī, reversum	zurückkehren
	salvus	salva, salvum	gesund, heil, wohlbehalten

tantus … quantus	tanta, tantum … quanta, quantum	so groß … wie (groß)
aurum	aurī *n.*	Gold
māiestās	māiestātis *f.*	Größe, Würde, Majestät

Text 2

pavidus	pavida, pavidum	furchtsam, ängstlich
timidus	timida, timidum	furchtsam, ängstlich
extrēmus	extrēma, extrēmum	äußerster, letzter
reditus	reditūs *m.*	Rückkehr
sacer	sacra, sacrum	1. heilig 2. verflucht

Lektion 50

Eigennamen

Aesculāpius	Aesculāpiī *m.*	Äskulap *(Gott der Heilkunde, Sohn Apolls)*
Dionȳsius	Dionȳsiī *m.*	*Tyrann von Syrakus*
Epidaurus	Epidaurī *f.*	*Stadt auf der Peloponnes*
Peloponnēsus	Peloponnēsī *f.*	Peloponnes *(südliche Halbinsel Griechenlands)*
Prōserpina	Prōserpinae *f.*	*Göttin in der Unterwelt*

Stammformen bereits gelernter Verben

inicere	iniciō, iniēcī, iniectum	1. hineinwerfen, auf *etwas* werfen 2. einjagen, einflößen
porrigere	porrigō, porrēxī, porrēctum	1. (dar)reichen 2. ausstrecken
sustinēre	sustineō, sustinuī, sustentum	1. (hoch)halten 2.aushalten, ertragen

Neue Vokabeln

tyrannus	tyrannī *m.*	Tyrann
fānum	fānī *n.*	Heiligtum, Tempel
sacrilegus	sacrilegī *m.*	Tempelräuber
dētrahere	dētrahō, dētrāxī, dētractum	herabziehen; wegnehmen
grandis	grandis, grande	1. groß 2. großartig, bedeutend
pondus	ponderis *n.*	Gewicht

	aestās	aestātis *f.*	Sommer
	hiems	hiemis *f.*	Winter
	barba	barbae *f.*	Bart
10	dēmittere	dēmittō, dēmīsī, dēmissum	1. hinablassen, -werfen 2. wegnehmen
	convenīre	convenit, convēnit	sich gehören, angemessen sein
	simulācrum	simulācrī *n.*	Bild
	dubitātiō	dubitātiōnis *f.*	Zweifel, Bedenken, Zögern
	auferre	auferō, abstulī, ablātum	wegtragen
15	fulmen	fulminis *n.*	Blitz
	percutere	percutiō, percussī, percussum	1. durchbohren 2. (tot)schlagen 3. erschüttern
	diūturnus	diūturna, diūturnum	lange dauernd, langwierig
	invītus	invīta, invītum	unwillig, ungern
	mē invītō		gegen meinen Willen
	rogus	rogī *m.*	Scheiterhaufen *zur Feuerbestattung*
20	nancīscī	nancīscor, nactus/nānctus sum	1. antreffen 2. bekommen, erhalten
	lēgitimus	lēgitima, lēgitimum	gesetz-, rechtmäßig

Anhang

Substantive

ā-Deklination

	Singular		Plural	
Nominativ	domin-a	die Herrin	domin-ae	die Herrinnen
Genitiv	domin-ae	der Herrin	domin-ārum	der Herrinnen
Dativ	domin-ae	der Herrin	domin-īs	den Herrinnen
Akkusativ	domin-am	die Herrin	domin-ās	die Herrinnen
Ablativ	(cum) domin-ā	(mit der) Herrin	(cum) domin-īs	(mit den) Herrinnen
Vokativ	(ō) domin-a	(oh) Herrin	(ō) domin-ae	(oh) Herrinnen

o-Deklination: Maskulinum auf -us

	Singular		Plural	
Nominativ	discipul-us	der Schüler	discipul-ī	die Schüler
Genitiv	discipul-ī	des Schülers	discipul-ōrum	der Schüler
Dativ	discipul-ō	dem Schüler	discipul-īs	den Schülern
Akkusativ	discipul-um	den Schüler	discipul-ōs	die Schüler
Ablativ	(cum) discipul-ō	(mit dem) Schüler	(cum) discipul-īs	(mit den) Schülern
Vokativ	(ō) discipul-e	(oh) Schüler	(ō) discipul-ī	(oh) Schüler

o-Deklination: Maskulinum auf -er

	Singular		Plural	
Nominativ	puer	der Junge	puer-ī	die Jungen
Genitiv	puer-ī	des Jungen	puer-ōrum	der Jungen
Dativ	puer-ō	dem Jungen	puer-īs	den Jungen
Akkusativ	puer-um	den Jungen	puer-ōs	die Jungen
Ablativ	(cum) puer-ō	(mit dem) Jungen	(cum) puer-īs	(mit den) Jungen
Vokativ	(ō) puer	(oh) Junge	(ō) puer-ī	(oh) Jungen

o-Deklination: Maskulinum auf -r

	Singular		Plural	
Nominativ	magister	der Lehrer	magistr-ī	die Lehrer
Genitiv	magistr-ī	des Lehrers	magistr-ōrum	der Lehrer
Dativ	magistr-ō	dem Lehrer	magistr-īs	den Lehrern
Akkusativ	magistr-um	den Lehrer	magistr-ōs	die Lehrer
Ablativ	(cum) magistr-ō	(mit dem) Lehrer	(cum) magistr-īs	(mit den) Lehrern
Vokativ	(ō) magister	(oh) Lehrer	ō magistr-ī	(oh) Lehrer

o-Deklination: Neutrum

	Singular		Plural	
Nominativ	praemi-um	die Belohnung	praemi-a	die Belohnungen
Genitiv	praemi-ī	der Belohnung	praemi-ōrum	der Belohnungen
Dativ	praemi-ō	der Belohnung	praemi-īs	den Belohnungen
Akkusativ	praemi-um	die Belohnung	praemi-a	die Belohnungen
Ablativ	praemi-ō	durch die Beloh-nung	praemi-īs	durch die Beloh-nungen
Vokativ	(ō) praemi-um	(oh) Belohnung	(ō) praemi-a	(oh) Belohnungen

Mischdeklination: Konsonantische Deklination

	Singular		Plural	
Nominativ	mercātor	der Kaufmann	mercātōr-ēs	die Kaufleute
Genitiv	mercātōr-is	des Kaufmanns	mercātōr-um	der Kaufleute
Dativ	mercātōr-ī	dem Kaufmann	mercātōr-ibus	den Kaufleuten
Akkusativ	mercātōr-em	den Kaufmann	mercātōr-ēs	die Kaufleute
Ablativ	(cum) mercātōr-e	(mit dem) Kauf-mann	(cum) mercātōr-ibus	(mit den) Kauf-leuten
Vokativ	(ō) mercātor	(oh) Kaufmann	(ō) mercātōr-ēs	(oh) Kaufleute

	Singular		Plural	
Nominativ	hom-ō	der Mensch	homin-ēs	die Menschen
Genitiv	homin-is	des Menschen	homin-um	der Menschen
Dativ	homin-ī	dem Menschen	homin-ibus	den Menschen
Akkusativ	homin-em	den Menschen	homin-ēs	die Menschen
Ablativ	(cum) homin-e	(mit dem) Men-schen	(cum) homin-ibus	(mit den) Men-schen
Vokativ	(ō) hom-ō	(oh) Mensch	(ō) homin-ēs	(oh) Menschen

Mischdeklination: Konsonantische Deklination

	Singular		Plural	
Nominativ	vōx	die Stimme	vōc-ēs	die Stimmen
Genitiv	vōc-is	der Stimme	vōc-um	der Stimmen
Dativ	vōc-ī	der Stimme	vōc-ibus	den Stimmen
Akkusativ	vōc-em	die Stimme	vōc-ēs	die Stimmen
Ablativ	vōc-e	durch die Stimme	vōc-ibus	durch die Stimmen
Vokativ	(ō) vōx	(oh) Stimme	(ō) vōc-ēs	(oh) Stimmen

Mischdeklination: Konsonantische Deklination Neutrum

	Singular		Plural	
Nominativ	tempus	die Zeit	tempor-a	die Zeiten
Genitiv	tempor-is	der Zeit	tempor-um	der Zeiten
Dativ	tempor-ī	der Zeit	tempor-ibus	den Zeiten
Akkusativ	tempus	die Zeit	tempor-a	die Zeiten
Ablativ	tempor-e	zur Zeit	tempor-ibus	zu den Zeiten
Vokativ	(ō) tempus	(oh) Zeit	(ō) tempor-a	(oh) Zeiten

Mischdeklination: Wörter mit Genitiv Plural auf -ium

	Singular		Plural	
Nominativ	urb-s	die Stadt	urb-ēs	die Städte
Genitiv	urb-is	der Stadt	urb-ium	der Städte
Dativ	urb-ī	der Stadt	urb-ibus	den Städten
Akkusativ	urb-em	die Stadt	urb-ēs	die Städte
Ablativ	(in) urb-e	(in der) Stadt	(in) urb-ibus	(in den) Städten
Vokativ	(ō) urb-s	(oh) Stadt	(ō) urb-ēs	(oh) Städte

Mischdeklination: i-Deklination

1. turris, is *f.*: Turm

	Singular		Plural	
Nominativ	turr-i-s	der Turm	turr-ēs	die Türme
Genitiv	turr-i-s	des Turmes	turr-i-um	der Türme
Dativ	turr-ī	dem Turm	turr-i-bus	den Türmen
Akkusativ	turr-i-m	den Turm	turr-ī-s (turr-ēs)	die Türme
Ablativ	(in) turr-ī	(auf/in dem) Turm	(in) turr-i-bus	(auf/in den) Türmen
Vokativ	(ō) turr-i-s	(oh) Turm	(ō) turr-ēs	(oh) Türme

2. mare, maris *n.*: Meer

	Singular		Plural	
Nominativ	mar-e	das Meer	mar-i-a	die Meere
Genitiv	mar-i-s	des Meeres	mar-i-um	der Meere
Dativ	mar-ī	dem Meer	mar-i-bus	den Meeren
Akkusativ	mar-e	das Meer	mar-i-a	die Meere
Ablativ	(in) mar-ī	(auf/in dem) Meer	(in) mar-i-bus	(auf/in den) Meeren
Vokativ	(ō) mar-e	(oh) Meer	(ō) mar-i-a	(oh) Meere

ē-Deklination

1. rēs, reī *f.*: Sache

	Singular		Plural	
Nominativ	r-ēs	die Sache	r-ēs	die Sachen
Genitiv	r-eī	der Sache	r-ērum	der Sachen
Dativ	r-eī	der Sache	r-ēbus	den Sachen
Akkusativ	r-em	die Sache	r-ēs	die Sachen
Ablativ	r-ē	durch die Sache	r-ēbus	durch die Sachen
Vokativ	(ō) r-ēs	(oh) Sache	(ō) r-ēs	(oh) Sachen

2. diēs, diēī *m.*: Tag

	Singular		Plural	
Nominativ	di-ēs	der Tag	di-ēs	die Tage
Genitiv	di-eī	des Tages	di-ērum	der Tage
Dativ	di-eī	dem Tag	di-ēbus	den Tagen
Akkusativ	di-em	den Tag	di-ēs	die Tage
Ablativ	di-ē	am Tag	di-ēbus	an den Tagen
Vokativ	(ō) di-ēs	(oh) Tag	(ō) di-ēs	(oh) Tage

u-Deklination

exercitus, exercitūs *m.:* Heer

	Singular		Plural	
Nominativ	exercit-us	das Heer	exercit-ūs	die Heere
Genitiv	exercit-ūs	des Heeres	exercit-uum	der Heere
Dativ	exercit-uī	dem Heer	exercit-ibus	den Heeren
Akkusativ	exercit-um	das Heer	exercit-ūs	die Heere
Ablativ	exercit-ū	durch das Heer	exercit-ibus	durch die Heere
Vokativ	(ō) exercit-us	(oh) Heer	(ō) exercit-ūs	(oh) Heere

Adjektive

Adjektive der ā- und o-Deklination: auf -us longus, longa, longum: lang

Singular	m.	f.	n.
Nominativ	long-us	long-a	long-um
Genitiv	long-ī	long-ae	long-ī
Dativ	long-ō	long-ae	long-ō
Akkusativ	long-um	long-am	long-um
Ablativ	long-ō	long-ā	long-ō
Plural			
Nominativ	long-ī	long-ae	long-a
Genitiv	long-ōrum	long-ārum	long-ōrum
Dativ	long-īs	long-īs	long-īs
Akkusativ	long-ōs	long-ās	long-a
Ablativ	long-īs	long-īs	long-īs

Adjektive der ā- und o-Deklination: auf -r pulcher, pulchra, pulchrum: schön

Singular	m.	f.	n.
Nominativ	pulcher	pulchr-a	pulchr-um
Genitiv	pulchr-ī	pulchr-ae	pulchr-ī
Dativ	pulchr-ō	pulchr-ae	pulchr-ō
Akkusativ	pulchr-um	pulchr-am	pulchr-um
Ablativ	pulchr-ō	pulchr-ā	pulchr-ō
Plural			
Nominativ	pulchr-ī	pulchr-ae	pulchr-a
Genitiv	pulchr-ōrum	pulchr-ārum	pulchr-ōrum
Dativ	pulchr-īs	pulchr-īs	pulchr-īs
Akkusativ	pulchr-ōs	pulchr-ās	pulchr-a
Ablativ	pulchr-īs	pulchr-īs	pulchr-īs

Adjektive der ā- und o-Deklination: auf -er miser, misera, miserum: arm

Singular	m.	f.	n.
Nominativ	miser	miser-a	miser-um
Genitiv	miser-ī	miser-ae	miser-ī
Dativ	miser-ō	miser-ae	miser-ō
Akkusativ	miser-um	miser-am	miser-um
Ablativ	miser-ō	miser-ā	miser-ō

Plural			
Nominativ	miser-ī	miser-ae	miser-a
Genitiv	miser-ōrum	miser-ārum	miser-ōrum
Dativ	miser-īs	miser-īs	miser-īs
Akkusativ	miser-ōs	miser-ās	miser-a
Ablativ	miser-īs	miser-īs	miser-īs

Adjektive der Mischdeklination: i-Deklination

1. Einendiges Adjektiv: fēlīx, fēlīcis: glücklich

	Singular			Plural		
	m.	f.	n.	m.	f.	n.
Nominativ	fēlīx	fēlīx	fēlīx	fēlīc-ēs	fēlīc-ēs	fēlīc-ia
Genitiv	fēlīc-is	fēlīc-is	fēlīc-is	fēlīc-ium	fēlīc-ium	fēlīc-ium
Dativ	fēlīc-ī	fēlīc-ī	fēlīc-ī	fēlīc-ibus	fēlīc-ibus	fēlīc-ibus
Akkusativ	fēlīc-em	fēlīc-em	fēlīx	fēlīc-ēs	fēlīc-ēs	fēlīc-ia
Ablativ	fēlīc-ī	fēlīc-ī	fēlīc-ī	fēlīc-ibus	fēlīc-ibus	fēlīc-ibus

2. Zweiendiges Adjektiv: difficilis, difficilis, difficile: schwierig

	Singular			Plural		
	m.	f.	n.	m.	f.	n.
Nominativ	difficil-is	difficil-is	difficil-e	difficil-ēs	difficil-ēs	difficil-ia
Genitiv	difficil-is	difficil-is	difficil-is	difficil-ium	difficil-ium	difficil-ium
Dativ	difficil-ī	difficil-ī	difficil-ī	difficil-ibus	difficil-ibus	difficil-ibus
Akkusativ	difficil-em	difficil-em	difficil-e	difficil-ēs	difficil-ēs	difficil-ia
Ablativ	difficil-ī	difficil-ī	difficil-ī	difficil-ibus	difficil-ibus	difficil-ibus

3. Dreiendiges Adjektiv: ācer, ācris, ācre: scharf, heftig

	Singular			Plural		
	m.	f.	n.	m.	f.	n.
Nominativ	ācer	ācr-is	ācr-e	ācr-ēs	ācr-ēs	ācr-ia
Genitiv	ācr-is	ācr-is	ācr-is	ācr-ium	ācr-ium	ācr-ium
Dativ	ācr-ī	ācr-ī	ācr-ī	ācr-ibus	ācr-ibus	ācr-ibus
Akkusativ	ācr-em	ācr-em	ācr-e	ācr-ēs	ācr-ēs	ācr-ia
Ablativ	ācr-ī	ācr-ī	ācr-ī	ācr-ibus	ācr-ibus	ācr-ibus

Adjektive der Mischdeklination: konsonantische Deklination
vetus, veteris: alt

	Singular			Plural		
	m.	f.	n.	m.	f.	n.
Nominativ	vetus	vetus	vetus	veter-ēs	veter-ēs	veter-a
Genitiv	veter-is	veter-is	veter-is	veter-um	veter-um	veter-um
Dativ	veter-ī	veter-ī	veter-ī	veter-ibus	veter-ibus	veter-ibus
Akkusativ	veter-em	veter-em	vetus	veter-ēs	veter-ēs	veter-a
Ablativ	veter-e	veter-e	veter-e	veter-ibus	veter-ibus	veter-ibus

Ebenso: dīves, dīvitis: reich; pauper, pauperis: arm

Steigerung des Adjektivs
1. Komparativ

	Singular				Plural		
	m.	f.	n.		m.	f.	n.
Nominativ	long-ior	long-ior	long-ius	länger	long-iōrēs	long-iōrēs	long-iōra
Genitiv	long-iōris	long-iōris	long-iōris		long-iōrum	long-iōrum	long-iōrum
Dativ	long-iōrī	long-iōrī	long-iōrī		long-iōribus	long-iōribus	long-iōribus
Akkusativ	long-iōrem	long-iōrem	long-ius		long-iōrēs	long-iōrēs	long-iōra
Ablativ	long-iōre	long-iōre	long-iōre		long-iōribus	long-iōribus	long-iōribus

2. Superlativ

	Singular			
	m.	f.	n.	
Nominativ	long-issim-us	long-issim-a	long-issim-um	längster, sehr lang
Genitiv	long-issim-ī	long-issim-ae	long-issim-ī	
Dativ	long-issim-ō	long-issim-ae	long-issim-ō	
Akkusativ	long-issim-um	long-issim-am	long-issim-um	
Ablativ	long-issim-ō	long-issim-ā	long-issim-ō	
	Plural			
Nominativ	long-issim-ī	long-issim-ae	long-issim-a	
Genitiv	long-issim-ōrum	long-issim-ārum	long-issim-ōrum	
Dativ	long-issim-īs	long-issim-īs	long-issim-īs	
Akkusativ	long-issim-ōs	long-issim-ās	long-issim-a	
Ablativ	long-issim-īs	long-issim-īs	long-issim-īs	

Pronomina

Personalpronomina

	1. Person Singular		2. Person Singular	
Nominativ	egō	ich	tū	du
Genitiv	–	–	–	–
Dativ	mihi	mir	tibi	dir
Akkusativ	mē	mich	tē	dich
Ablativ	mē		tē	
	mēcum (= *cum mē)	mit mir	tēcum (= *cum tē)	mit dir

	1. Person Plural		2. Person Plural	
Nominativ	nōs	wir	vōs	ihr
Genitiv	–	–	–	–
Dativ	nōbīs	uns	vōbīs	euch
Akkusativ	nōs	uns	vōs	euch
Ablativ	nōbīs		vōbīs	
	nōbīscum (= *cum nōbīs)	mit uns	vōbīscum (= *cum vōbīs)	mit euch

Reflexivpronomen

Nominativ	–	–
Genitiv	–	–
Dativ	sibi	sich
Akkusativ	sē	sich
Ablativ	sēcum (= *cum sē)	mit sich

Possessivpronomina

1. Pers. Sg.	meus, mea, meum	mein
2. Pers. Sg.	tuus, tua, tuum	dein
3. Pers. Sg.	suus, sua, suum	sein/ihr
1. Pers. Pl.	noster, nostra, nostrum	unser
2. Pers. Pl.	vester, vestra, vestrum	euer
3. Pers. Pl.	suus, sua, suum	sein/ihr

Relativpronomen

Singular	m.	f.	n.	m.	f.	n.
Nominativ	quī	quae	quod	der	die	das
Genitiv	cuius	cuius	cuius	dessen	deren	dessen
Dativ	cui	cui	cui	dem	der	dem
Akkusativ	quem	quam	quod	den	die	das
Ablativ	quō	quā	quō	durch den	durch die	durch das
Plural						
Nominativ	quī	quae	quae	die	die	die
Genitiv	quōrum	quārum	quōrum	deren	deren	deren
Dativ	quibus	quibus	quibus	denen	denen	denen
Akkusativ	quōs	quās	quae	die	die	die
Ablativ	quibus	quibus	quibus	durch die	durch die	durch die
In Verbindung mit cum: quōcum, quācum, quibuscum						

Demonstrativpronomina

hic, haec, hoc: dieser, diese, dies(es)

Singular	m.	f.	n.	m.	f.	n.
Nominativ	hic	haec	hoc	dieser	diese	dies(es)
Genitiv	huius	huius	huius	dieses	dieser	dieses
Dativ	huic	huic	huic	diesem	dieser	diesem
Akkusativ	hunc	hanc	hoc	diesen	diese	dies(es)
Ablativ	hōc	hāc	hōc	durch diesen	durch diese	durch diesen
Plural						
Nominativ	hī	hae	haec	diese	diese	diese
Genitiv	hōrum	hārum	hōrum	dieser	dieser	dieser
Dativ	hīs	hīs	hīs	diesen	diesen	diesen
Akkusativ	hōs	hās	haec	diese	diese	diese
Ablativ	hīs	hīs	hīs	durch diese	durch diese	durch diese

īdem, eadem, idem: derselbe, dieselbe, dasselbe

Singular	m.	f.	n.	m.	f.	n.
Nominativ	īdem	eadem	idem	derselbe	dieselbe	dasselbe
Genitiv	eiusdem	eiusdem	eiusdem	desselben	derselben	desselben
Dativ	eīdem	eīdem	eīdem	demselben	derselben	demselben
Akkusativ	eundem	eandem	idem	denselben	dieselbe	dasselbe
Ablativ	eōdem	eādem	eōdem	durch denselben	durch dieselbe	durch dasselbe

Plural						
Nominativ	īdem (iīdem)	eaedem	eadem	dieselben	dieselben	dieselben
Genitiv	eōrundem	eārundem	eōrundem	derselben	derselben	derselben
Dativ	eīsdem (iīsdem, īsdem)	eīsdem (iīsdem, īsdem)	eīsdem (iīsdem, īsdem)	denselben	denselben	denselben
Akkusativ	eōsdem	eāsdem	eadem	dieselben	dieselben	dieselben
Ablativ	eīsdem (iīsdem, īsdem)	eīsdem (iīsdem, īsdem)	eīsdem (iīsdem, īsdem)	durch dieselben	durch dieselben	durch dieselben

ille, illa, illud: jener, jene, jenes

Singular	m.	f.	n.	m.	f.	n.
Nominativ	ille	illa	illud	jener	jene	jenes
Genitiv	illīus	illīus	illīus	jenes	jener	jenes
Dativ	illī	illī	illī	jenem	jener	jenem
Akkusativ	illum	illam	illud	jenen	jene	jenes
Ablativ	illō	illā	illō	durch jenen	durch jene	durch jenes
Plural						
Nominativ	illī	illae	illa	jene	jene	jene
Genitiv	illōrum	illārum	illōrum	jener	jener	jener
Dativ	illīs	illīs	illīs	jenen	jenen	jenen
Akkusativ	illōs	illās	illa	jene	jene	jene
Ablativ	illīs	illīs	illīs	durch jene	durch jene	durch jene

ipse, ipsa, ipsum: selbst

	Singular			**Plural**		
	m.	f.	n.	m.	f.	n.
Nominativ	ipse	ipsa	ipsum	ipsī	ipsae	ipsa
Genitiv	ipsīus	ipsīus	ipsīus	ipsōrum	ipsārum	ipsōrum
Dativ	ipsī	ipsī	ipsī	ipsīs	ipsīs	ipsīs
Akkusativ	ipsum	ipsam	ipsum	ipsōs	ipsās	ipsa
Ablativ	ipsō	ipsā	ipsō	ipsīs	ipsīs	ipsīs

is, ea, id: dieser, diese, dies(es); er, sie, es

Singular	m.	f.	n.	m.	f.	n.
Nominativ	is	ea	id	dieser	diese	dies(es)
Genitiv	eius	eius	eius	dessen	dessen	dessen
Dativ	ei	ei	ei	diesem	dieser	diesem
Akkusativ	eum	eam	id	diesen	diese	dies(es)
Ablativ	eō	eā	eō	durch diesen	durch diese	durch diesen
Plural						
Nominativ	iī	eae	ea	diese	diese	diese
Genitiv	eōrum	eārum	eōrum	dieser	dieser	dieser
Dativ	iīs (eīs)	iīs (eīs)	iīs (eīs)	diesen	diesen	diesen
Akkusativ	eōs	eās	ea	diese	diese	diese
Ablativ	iīs (eīs)	iīs (eīs)	iīs (eīs)	durch diese	durch diese	durch diese

iste, ista, istud: dieser (da), diese (da), dieses (da); der da, die da, das da

Singular	m.	f.	n.	m.	f.	n.
Nominativ	iste	ista	istud	dieser (da)	diese (da)	dies(es) (da)
Genitiv	istīus	istīus	istīus	dieses (da)	dieser (da)	dieses (da)
Dativ	istī	istī	istī	diesem (da)	dieser (da)	diesem (da)
Akkusativ	istum	istam	istud	diesen (da)	diese (da)	dies(es) (da)
Ablativ	istō	istā	istō	durch die-sen (da)	durch diese (da)	durch die-sen (da)
Plural						
Nominativ	istī	istae	ista	diese (da)	diese (da)	diese (da)
Genitiv	istōrum	istārum	istōrum	dieser (da)	dieser (da)	dieser (da)
Dativ	istīs	istīs	istīs	diesen (da)	diesen (da)	diesen (da)
Akkusativ	istōs	istās	ista	diese (da)	diese (da)	diese (da)
Ablativ	istīs	istīs	istīs	durch diese (da)	durch diese (da)	durch diese (da)

Interrogativpronomina

1. Substantivisch

	m./f.		n.	
Nominativ	quis? (quae?)	Wer?	quid?	Was?
Genitiv	cuius?	Wessen?	cuius?	Wessen?
Dativ	cui?	Wem?	cui?	Wem?
Akkusativ	quem (quam?)	Wen?	quid?	Was?
Ablativ	quōcum? (quācum?)	Mit wem?	quōcum?	Womit?

2. Adjektivisch

Singular	m.	f.	n.	m.	f.	n.
Nominativ	quī?	quae?	quod?	Welcher?	Welche?	Welches?
Genitiv	cuius?	cuius?	cuius?	Welches?/ Welchen?	Welcher?	Welches?/ Welchen?
Dativ	cui?	cui?	cui?	Welchem?	Welcher?	Welchem?
Akkusativ	quem?	quam?	quod?	Welchen?	Welche?	Welches?
Ablativ	quō?	quā?	quō?	Durch welchen?	Durch welche?	Durch welches?
Plural						
Nominativ	quī?	quae?	quae?	Welche?	Welche?	Welche?
Genitiv	quōrum?	quārum?	quōrum?	Welcher?	Welcher?	Welcher?
Dativ	quibus?	quibus?	quibus?	Welchen?	Welchen?	Welchen?
Akkusativ	quōs?	quās?	quae?	Welche?	Welche?	Welche?
Ablativ	quibus?	quibus?	quibus?	Durch welche?	Durch welche?	Durch welche?

Indefinitpronomina

aliqui, aliqua, aliquod: irgendein, irgendeine, irgendein; *Pl.:* manche, einige

	Singular			**Plural**		
	m.	f.	n.	m.	f.	n.
Nominativ	aliquī	aliqua	aliquod	aliquī	aliquae	aliqua
Genitiv	alicuius	alicuius	alicuius	aliquōrum	aliquārum	aliquōrum
Dativ	alicui	alicui	alicui	aliquibus	aliquibus	aliquibus
Akkusativ	aliquem	aliquam	aliquod	aliquōs	aliquās	aliqua
Ablativ	aliquō	aliquā	aliquō	aliquibus	aliquibus	aliquibus

aliquis, aliquid: 1. irgendeiner, irgendetwas 2. jemand, etwas

	Singular		**Plural**	
	m./f.	n.	m./f.	n.
Nominativ	aliquis	aliquid	aliquī	aliqua
Genitiv	alicuius	alicuius	aliquōrum	aliquōrum
Dativ	alicui	alicui	aliquibus	aliquibus
Akkusativ	aliquem	aliquid	aliquōs	aliqua
Ablativ	aliquō	aliquō	aliquibus	aliquibus

nēmō: niemand, nihil: nichts

Nominativ	nēmō	nihil
Genitiv	nūllīus	nūllīus reī
Dativ	nēminī	nūllī reī
Akkusativ	nēminem	nūllam rem
Ablativ	ā nūllō	ā nūllā rē

quīdam, quaedam, quiddam[1]/quoddam[2]: ein gewisser; *Pl.*: einige, manche

Singular	m.	f.	n.
Nominativ	quīdam	quaedam	quiddam/quoddam
Genitiv	cuiusdam	cuiusdam	cuiusdam
Dativ	cuidam	cuidam	cuidam
Akkusativ	quendam	quandam	quiddam/quoddam
Ablativ	quōdam	quādam	quōdam
Plural			
Nominativ	quīdam	quaedam	quaedam
Genitiv	quōrundam	quārundam	quōrundam
Dativ	quibusdam	quibusdam	quibusdam
Akkusativ	quōsdam	quāsdam	quaedam
Ablativ	quibusdam	quibusdam	quibusdam

quisquam, quicquam: jemand, etwas

	m.	n.
Nominativ	quisquam	quicquam
Genitiv	cuiusquam	cuiusquam
Dativ	cuiquam	cuiquam
Akkusativ	quemquam	quicquam
Ablativ	quōquam	quōquam

quisque, quaeque, quidque[1]/quodque[2]: jeder

Singular	m.	f.	n.
Nominativ	quisque	quaeque	quidque/quodque
Genitiv	cuiusque	cuiusque	cuiusque
Dativ	cuique	cuique	cuique
Akkusativ	quemque	quamque	quidque/quodque
Ablativ	quōque	quāque	quōque

1 substantivisch.
2 adjektivisch.

Plural			
Nominativ	quīque	quaeque	quaeque
Genitiv	quōrumque	quārumque	quōrumque
Dativ	quibusque	quibusque	quibusque
Akkusativ	quōsque	quāsque	quaeque
Ablativ	quibusque	quibusque	quibusque

quīvis, quaevīs, quidvīs[1]/quodvīs[2]: jeder beliebige

	Singular			Plural		
	m.	f.	n.	m.	f.	n.
Nominativ	quīvīs	quaevīs	quidvīs[1]/ quodvīs[2]	quīvīs	quaevīs	quaevīs
Genitiv	cuiusvīs	cuiusvīs	cuiusvīs	quōrumvīs	quārumvīs	quōrumvīs
Dativ	cuivīs	cuivīs	cuivīs	quibusvīs	quibusvīs	quibusvīs
Akkusativ	quemvīs	quamvīs	quidvīs[1]/ quodvīs[2]	quōsvīs	quāsvīs	quaevīs
Ablativ	quōvīs	quāvīs	quōvīs	quibusvīs	quibusvīs	quibusvīs

uterque, utraque, utrumque: jeder von beiden; beide

	m.	f.	n.
Nominativ	uterque	utraque	utrumque
Genitiv	utrīusque	utrīusque	utrīusque
Dativ	utrīque	utrīque	utrīque
Akkusativ	utrumque	utramque	utrumque
Ablativ	utrōque	utrāque	utrōque

Pronominaladjektive

ūnus, ūna, ūnum	ein
ūllus, ūlla, ūllum	irgendein
sōlus, sōla, sōlum	allein, einzig
tōtus, tōta, tōtum	ganz
alter, altera, alterum	der andere (von zweien)
nūllus, nūlla, nūllum	kein
alius, alia, aliud	ein anderer

Beachte: Der Genitiv Singular von alius lautet alterīus (Dativ: aliī).

1 substantivisch.
2 adjektivisch.

ūllus, ūlla, ūllum: irgendein

	Singular			Plural		
	m.	f.	n.	m.	f.	n.
Nominativ	ūllus	ūlla	ūllum	ūllī	ūllae	ūlla
Genitiv	ūllīus	ūllīus	ūllīus	ūllōrum	ūllārum	ūllōrum
Dativ	ūllī	ūllī	ūllī	ūllīs	ūllīs	ūllīs
Akkusativ	ūllum	ūllam	ūllum	ūllōs	ūllās	ūlla
Ablativ	ūllō	ūllā	ūllō	ūllīs	ūllīs	ūllīs

Verben

Formen des Präsensstammes

Aktiv

Präsens Aktiv

ā-Konjugation laudāre		ē-Konjugation terrēre		ī-Konjugation audīre	
laudō	ich lobe	terre-ō	ich erschrecke *jemanden*	audi-ō	ich höre
laudā-s	du lobst	terrē-s	du erschreckst	audī-s	du hörst
lauda-t	er/sie/es lobt	terre-t	er/sie/es erschreckt	audi-t	er/sie/es hört
laudā-mus	wir loben	terrē-mus	wir erschrecken	audī-mus	wir hören
laudā-tis	ihr lobt	terrē-tis	ihr erschreckt	audī-tis	ihr hört
lauda-nt	sie loben	terre-nt	sie erschrecken	audi-unt	sie hören

Indikativ Imperfekt Aktiv

Konsonantische Konjugation quaerere		Konsonantische Konjugation mit i-Erweiterung capere	
quaer-ō	ich suche	capi-ō	ich fange
quaer-i-s	du suchst	cap-i-s	du fängst
quaer-i-t	er/sie/es sucht	cap-i-t	er/sie/es fängt
quaer-i-mus	wir suchen	cap-i-mus	wir fangen
quaer-i-tis	ihr sucht	cap-i-tis	ihr fangt
quaer-u-nt	sie suchen	capi-u-nt	sie fangen

Imperfekt Aktiv

ā-Konjugation laudāre		ē-Konjugation terrēre		ī-Konjugation audīre	
laudā-ba-m	ich lobte	terrē-ba-m	ich erschreckte *jemanden*	audi-ē-ba-m	ich hörte
laudā-bā-s		terrē-bā-s		audi-ē-bā-s	
laudā-ba-t		terrē-ba-t		audi-ē-ba-t	
laudā-bā-mus		terrē-bā-mus		audi-ē-bā-mus	
laudā-bā-tis		terrē-bā-tis		audi-ē-bā-tis	
laudā-ba-nt		terrē-ba-nt		audi-ē-ba-nt	

Konsonantische Konjugation quaerere		Konsonantische Konjugation mit i-Erweiterung capere	
quaer-ē-ba-m	ich suchte	capi-ē-ba-m	ich fing
quaer-ē-bā-s		capi-ē-bā-s	
quaer-ē-ba-t		capi-ē-ba-t	
quaer-ē-bā-mus		capi-ē-bā-mus	
quaer-ē-bā-tis		capi-ē-bā-tis	
quaer-ē-ba-nt		capi-ē-ba-nt	

Futur 1 Aktiv

ā-Konjugation laudāre		ē-Konjugation terrēre		ī-Konjugation audīre	
laudā-b-ō	ich werde loben	terrē-b-ō	ich werde *jemanden* erschrecken	audi-a-m	ich werde hören
laudā-bi-s		terrē-bi-s		audi-ē-s	
laudā-bi-t		terrē-bi-t		audi-e-t	
laudā-bi-mus		terrē-bi-mus		audi-ē-mus	
laudā-bi-tis		terrē-bi-tis		audi-ē-tis	
laudā-bu-nt		terrē-bu-nt		audi-e-nt	

Konsonantische Konjugation quaerere		Konsonantische Konjugation mit i-Erweiterung capere	
quaer-a-m	ich werde suchen	capi-a-m	ich werde fangen
quaer-ē-s		capi-ē-s	
quaer-e-t		capi-e-t	
quaer-ē-mus		capi-ē-mus	
quaer-ē-tis		capi-ē-tis	
quaer-e-nt		capi-e-nt	

Konjunktiv Präsens/Konjunktiv I der Gleichzeitigkeit Aktiv

ā-Konj.	ē-Konj.	ī-Konj.	Kons. Konj.	Kons. Konj. mit i-Erw.
laudāre	terrēre	audīre	quaerere	capere
laude-m	terre-a-m	audi-a-m	quaer-a-m	capi-a-m
laudē-s	terre-ā-s	audi-ā-s	quaer-ā-s	capi-ā-s
laude-t	terre-a-t	audi-a-t	quaer-a-t	capi-a-t
laudē-mus	terre-ā-mus	audi-ā-mus	quaer-ā-mus	capi-ā-mus
laudē-tis	terre-ā-tis	audi-ā-tis	quaer-ā-tis	capi-ā-tis
laude-nt	terre-a-nt	audi-a-nt	quaer-a-nt	capi-a-nt

Konjunktiv Imperfekt/Konjunktiv II der Gleichzeitigkeit Aktiv

ā-Konj.	ē-Konj.	ī-Konj.	Kons. Konj.	Kons. Konj. mit i-Erw.
laudāre	terrēre	audīre	quaerere	capere
laudā-re-m	terrē-re-m	audī-re-m	quaere-re-m	cape-re-m
laudā-rē-s	terrē-rē-s	audī-rē-s	quaere-rē-s	cape-rē-s
laudā-re-t	terrē-re-t	audī-re-t	quaere-re-t	cape-re-t
laudā-rē-mus	terrē-rē-mus	audī-rē-mus	quaere-rē-mus	cape-rē-mus
laudā-rē-tis	terrē-rē-tis	audī-rē-tis	quaere-rē-tis	cape-rē-tis
laudā-re-nt	terrē-re-nt	audī-re-nt	quaere-re-nt	cape-re-nt

Weitere Aktiv-Formen

ā-Konj.	ē-Konj.	ī-Konj.	Kons. Konj.	Kons. Konj. mit i-Erw.
laudāre	terrēre	audīre	quaerere	capere
Imperativ Sg.				
laudā lobe!	terrē erschrecke!	audī höre!	quaere suche!	cape fange!
Imperativ Pl.				
laudā-te lobt!	terrē-te erschreckt!	audī-te hört!	quaer-i-te sucht!	capi-te fangt!
Infinitiv der Gleichzeitigkeit/Präsens				
laudā-re loben	terrē-re erschrecken	audī-re hören	quaer-e-re suchen	cap-e-re fangen
Infinitiv der Nachzeitigkeit/Futur				
laudā-tūrum, am, um esse loben werden	terri-tūrum, am, um esse erschrecken werden	audī-tūrum, am, um esse hören werden	quaesi-tūrum, am, um esse suchen werden	cap-tūrum, am, um esse fangen werden

Partizip der Gleichzeitigkeit/Präsens Aktiv				
laudā-ns, lauda-ntis lobend	terrē-ns, terre-ntis erschreckend	audi-ēns, audie-ntis hörend	quaer-ēns, quaer-entis suchend	capi-ēns, capi-entis fangend
Partizip der Nachzeitigkeit/Futur Aktiv				
laudā-tūrus, a, um einer, der loben wird	terri-tūrus, a, um einer, der er- schrecken wird	audī-tūrus, a, um einer, der hören wird	quaesi-tūrus, a, um einer, der suchen wird	cap-tūrus, a, um einer, der fangen wird
Gerundium				
lauda-nd-ī des Lobens	terre-nd-ī des Erschreckens	audi-end-ī des Hörens	quaer-end-ī des Suchens	capi-end-ī des Fangens

Deklination des Partizips der Gleichzeitigkeit/Partizip Präsens Aktiv

	Singular		**Plural**	
	m./f.	n.	m./f.	n.
Nominativ	laudā-ns	laudā-ns	lauda-ntēs	lauda-ntia
Genitiv	lauda-ntis	lauda-ntis	lauda-ntium	lauda-ntium
Dativ	lauda-ntī	lauda-ntī	lauda-ntibus	lauda-ntibus
Akkusativ	lauda-ntem	laudā-ns	lauda-ntēs	lauda-ntia
Ablativ	lauda-nte	lauda-nte	lauda-ntibus	lauda-ntibus

Deklination des Gerundiums

	laudāre	loben
Gen.	lauda-nd-ī	des Lobens
Dat.	lauda-nd-ō[1]	dem Loben
Akk.	ad lauda-nd-um[2]	zum Loben
Abl.	lauda-nd-ō	durch (das) Loben

1 Der Dativ kommt nur selten vor.

2 Akkusativ des Gerundiums steht nur nach einer Präposition.

Passiv

Indikativ Präsens Passiv

	ā-Konjugation laudāre		ē-Konjugation terrēre	
1. Pers. Sg.	laudo-r	ich werde gelobt	terre-or	ich werde erschreckt
2. Pers. Sg.	laudā-ris	du wirst gelobt	terrē-ris	
3. Pers. Sg.	laudā-tur	er/sie/es wird gelobt	terrē-tur	
1. Pers. Pl.	laudā-mur	wir werden gelobt	terrē-mur	
2. Pers. Pl.	laudā-minī	ihr werdet gelobt	terrē-minī	
3. Pers. Pl.	lauda-ntur	sie werden gelobt	terre-ntur	
Infinitiv Präsens/der Gleichzeitigkeit Passiv	laudā-rī	gelobt werden	terrē-rī	erschreckt werden

	ī-Konjugation audīre	
1. Pers. Sg.	audi-or	ich werde gehört
2. Pers. Sg.	audī-ris	
3. Pers. Sg.	audī-tur	
1. Pers. Pl.	audī-mur	
2. Pers. Pl.	audī-minī	
3. Pers. Pl.	audi-u-ntur	
Infinitiv Präsens/der Gleichzeitigkeit Passiv	audī-rī	gehört werden

	Konsonantische Konjugation quaerere		Konsonantische Konjugation mit i-Erweiterung capere	
1. Pers. Sg.	quaer-or	ich werde gesucht	cap-i-or	ich werde gefangen
2. Pers. Sg.	quaer-e-ris		cap-e-ris	
3. Pers. Sg.	quaer-i-tur		cap-i-tur	
1. Pers. Pl.	quaer-i-mur		cap-i-mur	
2. Pers. Pl.	quaer-i-minī		cap-i-minī	
3. Pers. Pl.	quaer-u-ntur		cap-i-u-ntur	
Infinitiv Präsens/der Gleichzeitigkeit Passiv	quaer-ī	gesucht werden	cap-ī	gefangen werden

Indikativ Imperfekt Passiv

ā-Konjugation laudāre		ē-Konjugation terrēre	
laudā-ba-r	ich wurde gelobt	terrē-ba-r	ich wurde erschreckt
laudā-bā-ris	du wurdest gelobt	terrē-bā-ris	
laudā-bā-tur	er/sie/es wurde gelobt	terrē-bā-tur	
laudā-bā-mur	wir wurden gelobt	terrē-bā-mur	
laudā-bā-minī	ihr wurdet gelobt	terrē-bā-minī	
laudā-ba-ntur	sie wurden gelobt	terrē-ba-ntur	

ī-Konjugation audīre	
audi-ēba-r	ich wurde gehört
audi-ēbā-ris	
audi-ēbā-tur	
audi-ēbā-mur	
audi-ēbā-minī	
audi-ēba-ntur	

Konsonantische Konjugation quaerere		Konsonantische Konjugation mit i-Erweiterung capere	
quaer-ēba-r	ich wurde gesucht	cap-i-ēba-r	ich wurde gefangen
quaer-ēbā-ris		cap-i-ēbā-ris	
quaer-ēbā-tur		cap-i-ēbā-tur	
quaer-ēbā-mur		cap-i-ēbā-mur	
quaer-ēbā-minī		cap-i-ēbā-minī	
quaer-ēba-ntur		cap-i-ēba-ntur	

Indikativ Futur 1 Passiv

ā-Konjugation laudāre		ē-Konjugation terrēre	
laudā-bo-r	ich werde gelobt werden	terrē-bo-r	ich werde erschreckt werden
laudā-be-ris	du wirst gelobt werden	terrē-be-ris	
laudā-bi-tur	er/sie/es wird gelobt werden	terrē-bi-tur	
laudā-bi-mur	wir werden gelobt werden	terrē-bi-mur	
laudā-bi-minī	ihr werdet gelobt werden	terrē-bi-minī	
laudā-bu-ntur	sie werden gelobt werden	terrē-bu-ntur	

ī-Konjugation audīre		Konsonantische Konjugation quaerere		Konsonantische Konjugation mit i-Erweiterung capere	
audi-ar	ich werde gehört werden	quaer-a-r	ich werde gesucht werden	cap-i-a-r	ich werde gefangen werden
audi-ē-ris		quaer-ē-ris		cap-i-ē-ris	
audi-ē-tur		quaer-ē-tur		cap-i-ē-tur	
audi-ē-mur		quaer-ē-mur		cap-i-ē-mur	
audi-ē-minī		quaer-ē-minī		cap-i-ē-minī	
audi-e-ntur		quaer-e-ntur		cap-i-e-ntur	

Konjunktiv Präsens/Konjunktiv I der Gleichzeitigkeit Passiv

ā-Konj. laudāre	ē-Konj. terrēre	ī-Konj. audīre	Kons. Konj. quaerere	Kons. Konj. mit i-Erweiterung capere
laude-r	terre-a-r	audi-a-r	quaer-a-r	capi-a-r
laudē-ris	terre-ā-ris	audi-ā-ris	quaer-ā-ris	capi-ā-ris
laudē-tur	terre-ā-tur	audi-ā-tur	quaer-ā-tur	capi-ā-tur
laudē-mur	terre-ā-mur	audi-ā-mur	quaer-ā-mur	capi-ā-mur
laudē-minī	terre-ā-minī	audi-ā-minī	quaer-ā-minī	capi-ā-minī
laude-ntur	terre-a-ntur	audi-a-ntur	quaer-a-ntur	capi-a-ntur

Konjunktiv Imperfekt/Konjunktiv II der Gleichzeitigkeit Passiv

ā-Konj. laudāre	ē-Konj. terrēre	ī-Konj. audīre
laudā-re-r	terrē-re-r	audī-re-r
laudā-rē-ris	terrē-rē-ris	audī-rē-ris
laudā-rē-tur	terrē-rē-tur	audī-rē-tur
laudā-rē-mur	terrē-rē-mur	audī-rē-mur
laudā-rē-minī	terrē-rē-minī	audī-rē-minī
laudā-re-ntur	terrē-re-ntur	audī-re-ntur
Kons. Konj. quaerere	Kons. Konj. mit i-Erweiterung caepere	
quaere-re-r	cape-re-r	
quaere-rē-ris	cape-rē-ris	
quaere-rē-tur	cape-rē-tur	
quaere-rē-mur	cape-rē-mur	
quaere-rē-minī	cape-rē-minī	
quaere-re-ntur	cape-re-ntur	

Formen des Perfektstammes

Aktiv

Bildeweisen des Perfektstammes

v-Perfekt	laudāre: laudāv-
u-Perfekt	terrēre: terru-
s-Perfekt	iubēre: iuss-
Dehnungsperfekt	venire: vēn-
Stammperfekt	dēscendere: dēscend-
Reduplikationsperfekt	dare: ded-
anderer Stamm	esse: fu- prōdesse: prōfu- posse: potu- īre: i- ferre: tul-

Indikativ Perfekt Aktiv

ā-Konjugation laudāre		ē-Konjugation terrēre	
laudāv-ī	ich habe gelobt/lobte	terru-ī	ich habe *jemanden* erschreckt/erschreckte
laudāv-istī		terru-istī	
laudāv-it		terru-it	
laudāv-imus		terru-imus	
laudāv-istis		terru-istis	
laudāv-ērunt		terru-ērunt	

ī-Konjugation audīre	
audīv-ī	ich habe gehört/hörte
audīv-istī	
audīv-it	
audīv-imus	
audīv-istis	
audīv-ērunt	

Bildeweise des Indikativ Perfekt Aktiv: Perfektstamm + -ī, -istī, -it, -imus, -istis, -ērunt

v-Perfekt	laudāre: laudāv-ī	ich habe gelobt/lobte
u-Perfekt	terrēre: terru-ī	ich habe erschreckt/erschreckte
s-Perfekt	iubēre: iuss-ī	ich habe befohlen/befahl
Dehnungsperfekt	venire: vēn-ī	ich bin gekommen/kam
Stammperfekt	dēscendere: dēscend-ī	ich bin hinabgestiegen/ stieg hinab
Reduplikationsperfekt	dare: ded-ī	ich habe gegeben/gab
anderer Stamm	esse: fu-ī	ich bin gewesen/war
	prōdesse: prōfu-ī	ich habe genützt/nützte
	posse: potu-ī	ich habe gekonnt/konnte
	īre: i-ī	ich bin gegangen/ging
	ferre: tul-ī	ich habe getragen/trug

Indikativ Plusquamperfekt Aktiv

ā-Konjugation laudāre		ē-Konjugation terrēre		ī-Konjugation audīre	
laudāv-era-m	ich hatte gelobt	terru-era-m	ich hatte erschreckt	audīv-era-m	ich hatte gehört
laudāv-erā-s		terru-erā-s		audīv-erā-s	
laudāv-era-t		terru-era-t		audīv-era-t	
laudāv-erā-mus		terru-erā-mus		audīv-erā-mus	
laudāv-erā-tis		terru-erā-tis		audīv-erā-tis	
laudāv-era-nt		terru-era-nt		audīv-era-nt	

Bildeweise des Indikativ Plusquamperfekt Aktiv:
Perfektstamm + -eram, -erās, -erat, -erāmus, -erātis, -erant

v-Perfekt	laudāre: laudāv-era-m	ich hatte gelobt
u-Perfekt	terrēre: terru-era-m	ich hatte erschreckt
s-Perfekt	iubēre: iuss-era-m	ich hatte befohlen
Dehnungsperfekt	venire: vēn-era-m	ich war gekommen
Stammperfekt	dēscendere: dēscend-era-m	ich war hinabgestiegen
Reduplikationsperfekt	dare: ded-era-m	ich hatte gegeben
anderer Stamm	esse: fu-era-m	ich war gewesen
	prōdesse: prōfu-era-m	ich hatte genützt
	posse: potu-era-m	ich hatte gekonnt
	īre: i-era-m	ich war gegangen
	ferre: tul-era-m	ich hatte getragen

Indikativ Futur 2 Aktiv

ā-Konjugation laudāre		ē-Konjugation terrēre		ī-Konjugation audīre	
laudāv-erō	ich werde gelobt haben	terru-erō	ich werde erschreckt haben	audīv-erō	ich werde gehört haben
laudāv-eris		terru-eris		audīv-eris	
laudāv-erit		terru-erit		audīv-erit	
laudāv-erimus		terru-erimus		audīv-erimus	
laudāv-eritis		terru-eritis		audīv-eritis	
laudāv-erint		terru-erint		audīv-erint	

Bildeweise des Futur 2 Aktiv: Perfektstamm + - erō, - eris, -erit, -erimus, -eritis, -erint

v-Perfekt	laudāre: laudāv-erō	ich werde gelobt haben
u-Perfekt	terrēre: terru-erō	ich werde erschreckt haben
s-Perfekt	iubēre: iuss-erō	ich werde befohlen haben
Dehnungsperfekt	venire: vēn-erō	ich werde gekommen sein
Stammperfekt	dēscendere: dēscend-erō	ich werde hinabgestiegen sein
Reduplikationsperfekt	dare: ded-erō	ich werde gegeben haben
anderer Stamm	esse: fu-erō	ich werde gewesen sein
	prōdesse: prōfu-erō	ich werde genützt haben
	posse: potu-erō	ich werde gekonnt haben
	īre: i-erō	ich werde gegangen sein
	ferre: tul-erō	ich werde getragen haben

Konjunktiv Perfekt/Konjunktiv I der Vorzeitigkeit Aktiv

laudāv-eri-m	laudāv-eri-mus
laudāv-eri-s	laudāv-eri-tis
laudāv-eri-t	laudāv-eri-nt

Bildeweise des Konjunktiv Perfekt/Konjunktiv I der Vorzeitigkeit Aktiv:
Perfektstamm + -erim, -eris, -erit, -erimus, -eritis, -erint

v-Perfekt	laudāre: laudāv-erim
u-Perfekt	terrēre: terru-erim
s-Perfekt	iubēre: iuss-erim
Dehnungsperfekt	venire: vēn-erim
Stammperfekt	dēscendere: dēscend-erim
Reduplikationsperfekt	dare: ded-erim
anderer Stamm	esse: fu-erim prōdesse: prōfu-erim posse: potu-erim īre: i-erim ferre: tul-erim

Konjunktiv Plusquamperfekt/Konjunktiv II der Vorzeitigkeit Aktiv

laudāv-isse-m	laudāv-issē-mus
laudāv-issē-s	laudāv-issē-tis
laudāv-isse-t	laudāv-isse-nt

Bildeweise des Konjunktiv Plusquamperfekt/Konjunktiv II der Vorzeitigkeit Aktiv:
Perfektstamm + -issem, -issēs, -isset, -issēmus, -issētis, -issent

v-Perfekt	laudāre: laudāv-issem
u-Perfekt	terrēre: terru-issem
s-Perfekt	iubēre: iuss-issem
Dehnungsperfekt	venire: vēn-issem
Stammperfekt	dēscendere: dēscend-issem
Reduplikationsperfekt	dare: ded-issem
anderer Stamm	esse: fu-issem prōdesse: prōfu-issem posse: potu-issem īre: i-issem ferre: tul-issem

Bildeweise des Infinitiv der Vorzeitigkeit Aktiv/Perfekt Aktiv:
Perfektstamm + -isse

v-Perfekt	laudāre: laudāv-isse
u-Perfekt	terrēre: terru-isse
s-Perfekt	iubēre: iuss-isse
Dehnungsperfekt	venire: vēn-isse
Stammperfekt	dēscendere: dēscend-isse
Reduplikationsperfekt	dare: ded-isse
anderer Stamm	esse: fui-sse prōdesse: prōfu-isse posse: potu-isse īre: i-isse/īsse ferre: tul-isse

Passiv

Indikativ Perfekt Passiv: Partizip der Vorzeitigkeit/PPP + Indikativ Präsens von esse

laudātus, a, um sum	territus, a, um sum	captus, a, um sum
laudātus, a, um es	territus, a, um es	captus, a, um es
laudātus, a, um est	territus, a, um est	captus, a, um est
laudātī, ae, a sumus	territī, ae, a sumus	captī, ae, a sumus
laudātī, ae, a estis	territī, ae, a estis	captī, ae, a estis
laudātī, ae, a sunt	territī, ae, a sunt	captī, ae, a sunt

laudātus, a, um sum	ich bin gelobt worden/ich wurde gelobt
territus, a, um sum	ich bin erschreckt worden/ich wurde erschreckt
captus, a, um sum	ich bin gefangen worden/ich wurde gefangen

Indikativ Plusquamperfekt Passiv: Partizip der Vorzeitigkeit/PPP + Indikativ von esse

laudātus, a, um eram	territus, a, um eram	captus, a, um eram
laudātus, a, um erās	territus, a, um erās	captus, a, um erās
laudātus, a, um erat	territus, a, um erat	captus, a, um erat
laudātī, ae, a erāmus	territī, ae, a erāmus	captī, ae, a erāmus
laudātī, ae, a erātis	territī, ae, a erātis	captī, ae, a erātis
laudātī, ae, a erant	territī, ae, a erant	captī, ae, a erant

laudātus, a, um eram	ich war gelobt worden
territus, a, um eram	ich war erschreckt worden
captus, a, um eram	ich war gefangen worden

Indikativ Futur 2 Passiv: Partizip der Vorzeitigkeit/PPP + Indikativ Futur 1 von esse

laudātus, a, um erō	territus, a, um erō	captus, a, um erō
laudātus, a, um eris	territus, a, um eris	captus, a, um eris
laudātus, a, um erit	territus, a, um erit	captus, a, um erit
laudātī, ae, a erimus	territī, ae, a erimus	captī, ae, a erimus
laudātī, ae, a eritis	territī, ae, a eritis	captī, ae, a eritis
laudātī, ae, a erunt	territī, ae, a erunt	captī, ae, a erunt

laudātus, a, um erō	ich werde gelobt worden sein
territus, a, um erō	ich werde erschreckt worden sein
captus, a, um erō	ich werde gefangen worden sein

Infinitiv der Vorzeitigkeit Passiv/Perfekt Passiv: Partizip der Vorzeitigkeit/PPP + esse

laudātum, am, um esse	gelobt worden sein	territum, am, um esse	erschreckt worden sein	captum, am, um esse	gefangen worden sein

Konjunktiv Perfekt/Konjunktiv I der Vorzeitigkeit Passiv: Partizip der Vorzeitigkeit/ PPP + Konjunktiv Präsens/Konjunktiv I der Gleichzeitigkeit von esse

laudātus, a, um sim	territus, a, um sim	captus, a, um sim
laudātus, a, um sīs	territus, a, um sīs	captus, a, um sīs
laudātus, a, um sit	territus, a, um sit	captus, a, um sit
laudātī, ae, a sīmus	territī, ae, a sīmus	captī, ae, a sīmus
laudātī, ae, a sītis	territī, ae, a sītis	captī, ae, a sītis
laudātī, ae, a sint	territī, ae, a sint	captī, ae, a sint

Konjunktiv Plusquamperfekt/Konjunktiv II der Vorzeitigkeit Passiv: Partizip der Vorzeitigkeit/PPP + Konjunktiv Imperfekt/Konjunktiv II der Gleichzeitigkeit von esse

laudātus, a, um essem	territus, a, um essem	captus, a, um essem
laudātus, a, um essēs	territus, a, um essēs	captus, a, um essēs
laudātus, a, um esset	territus, a, um esset	captus, a, um esset
laudātī, ae, a essēmus	territī, ae, a essēmus	captī, ae, a essēmus
laudātī, ae, a essētis	territī, ae, a essētis	captī, ae, a essētis
laudātī, ae, a essent	territī, ae, a essent	captī, ae, a essent

Weitere Passiv-Formen

ā-Konjugation laudāre	ē-Konjugation terrēre	ī-Konjugation audīre
Partizip der Vorzeitigkeit Passiv/Perfekt Passiv		
laudātus, laudāta, laudātum einer, der gelobt worden ist; gelobt (worden)	territus, territa, territum einer, der erschreckt worden ist; erschreckt (worden)	audītus, audīta, audītum einer, der gehört worden ist; gehört (worden)
Infinitiv der Vorzeitigkeit Passiv/Perfekt Passiv		
laudātum esse gelobt worden sein	territum esse erschreckt worden sein	audītum esse gehört worden sein
Gerundivum		
laudandus, laudanda, laudandum	terrendus, terrenda, terrendum	audiendus, audienda, audiendum

Deklination des Partizip Perfekt Passiv/der Vorzeitigkeit Passiv

	Singular			Plural		
	m.	f.	n.	m.	f.	n.
Nominativ	laudāt-us	laudāt-a	laudāt-um	laudāt-ī	laudāt-ae	laudāt-a
Genitiv	laudāt-ī	laudāt-ae	laudāt-ī	laudāt-ōrum	laudāt-ārum	laudāt-ōrum
Dativ	laudāt-ō	laudāt-ae	laudāt-ō	laudāt-īs	laudāt-īs	laudāt-īs
Akkusativ	laudāt-um	laudāt-am	laudāt-um	laudāt-ōs	laudāt-ās	laudāt-a
Ablativ	laudāt-ō	laudāt-ā	laudāt-ō	laudāt-īs	laudāt-īs	laudāt-īs

Verben mit Besonderheiten bei der Konjugation

esse, sum, fuī: sein; existieren, vorhanden sein

Präsensstamm

Indikativ

	Präsens		Imperfekt		Futur 1	
1. Pers. Sg.	sum	ich bin	eram	ich war	erō	ich werde sein
2. Pers. Sg.	es		erās		eris	
3. Pers. Sg.	est		erat		erit	
1. Pers. Pl.	sumus		erāmus		erimus	
2. Pers. Pl.	estis		erātis		eritis	
3. Pers. Pl.	sunt		erant		erunt	
Imperativ Sg.	es	sei!				
Imperativ Pl.	este	seid!				
Infinitiv Präsens/der Gleichzeitigkeit	esse	sein				

Konjunktiv

Konjunktiv Präsens/Konjunktiv I der Gleichzeitigkeit	Konjunktiv Imperfekt/Konjunktiv II der Gleichzeitigkeit
sim	essem
sīs	essēs
sit	esset
sīmus	essēmus
sītis	essētis
sint	essent

Perfektstamm

Indikativ

<table>
<tr><td></td><td colspan="2">Perfekt</td><td colspan="2">Plusquamperfekt</td><td colspan="2">Futur 2</td></tr>
<tr><td>1. Pers. Sg.</td><td>fuī</td><td rowspan="6">ich bin gewesen/ war</td><td>fueram</td><td rowspan="6">ich war gewesen</td><td>fuerō</td><td rowspan="6">ich werde gewesen sein</td></tr>
<tr><td>2. Pers. Sg.</td><td>fuistī</td><td>fuerās</td><td>fueris</td></tr>
<tr><td>3. Pers. Sg.</td><td>fuit</td><td>fuerat</td><td>fuerit</td></tr>
<tr><td>1. Pers. Pl.</td><td>fuimus</td><td>fuerāmus</td><td>fuerimus</td></tr>
<tr><td>2. Pers. Pl.</td><td>fuistis</td><td>fuerātis</td><td>fueritis</td></tr>
<tr><td>3. Pers. Pl.</td><td>fuērunt</td><td>fuerant</td><td>fuerint</td></tr>
<tr><td>Infinitiv Perfekt/ der Vorzeitigkeit</td><td>fuisse</td><td colspan="5">gewesen sein</td></tr>
</table>

Konjunktiv

Konjunktiv Perfekt/Konjunktiv I der Vorzeitigkeit	Konjunktiv Plusquamperfekt/Konjunktiv II der Vorzeitigkeit
fuerim	fuissem
fueris	fuissēs
fuerit	fuisset
fuerimus	fuissēmus
fueritis	fuissētis
fuerint	fuissent

Weitere Formen

Infinitiv der Nachzeitigkeit/Futur	futūrum, am, um esse
Partizip der Nachzeitigkeit/Futur	futūrus, a, um

Ebenso:
abesse, absum, āfuī: abwesend sein
adesse, adsum, adfuī: da sein
interesse, intersum, interfuī: teilnehmen *an*
praeesse, praesum, praefuī: vorstehen, an der Spitze stehen, leiten

ferre, ferō, tulī, lātum: 1. bringen, tragen 2. ertragen

Präsensstamm

Indikativ Aktiv

	Präsens		Imperfekt		Futur 1	
1. Pers. Sg.	ferō	ich trage	ferēbam	ich trug	feram	ich werde tragen
2. Pers. Sg.	fers		ferēbās		ferēs	
3. Pers. Sg.	fert		ferēbat		feret	
1. Pers. Pl.	ferimus		ferēbāmus		ferēmus	
2. Pers. Pl.	fertis		ferēbātis		ferētis	
3. Pers. Pl.	ferunt		ferēbant		ferent	
Imperativ Sg.	fer	trage!				
Imperativ Pl.	ferte	tragt!				
Infinitiv Präsens/der Gleichzeitigkeit	ferre	tragen				

Konjunktiv Aktiv

Konjunktiv Präsens/ Konjunktiv I der Gleichzeitigkeit	Konjunktiv Imperfekt/ Konjunktiv II der Gleichzeitigkeit
feram	ferrem
ferās	ferrēs
ferat	ferret
ferāmus	ferrēmus
ferātis	ferrētis
ferant	ferrent

Indikativ Passiv

	Präsens		Imperfekt		Futur 1	
1. Pers. Sg.	feror	ich werde getragen	ferēbar	ich wurde getragen	ferar	ich werde getragen werden
2. Pers. Sg.	ferris		ferēbāris		ferēris	
3. Pers. Sg.	fertur		ferēbātur		ferētur	
1. Pers. Pl.	ferimur		ferēbāmur		ferēmur	
2. Pers. Pl.	feriminī		ferēbāminī		ferēminī	
3. Pers. Pl.	feruntur		ferēbantur		ferentur	
Infinitiv der Gleichzeitigkeit Aktiv/Präsens Aktiv	ferrī	getragen werden				

Konjunktiv Passiv

Konjunktiv Präsens/ Konjunktiv I der Gleichzeitigkeit	Konjunktiv Imperfekt/Konjunktiv II der Gleichzeitigkeit
ferar	ferrer
ferāris	ferrēris
ferātur	ferrētur
ferāmur	ferrēmur
ferāminī	ferrēminī
ferantur	ferrentur

Perfektstamm

Indikativ Aktiv

	Perfekt		Plusquamperfekt		Futur 2	
1. Pers. Sg.	tulī	ich habe getragen/ ich trug	tuleram	ich hatte getragen	tulerō	ich werde getragen haben
2. Pers. Sg.	tulistī		tulerās		tuleris	
3. Pers. Sg.	tulit		tulerat		tulerit	
1. Pers. Pl.	tulimus		tulerāmus		tulerimus	
2. Pers. Pl.	tulistis		tulerātis		tuleritis	
3. Pers. Pl.	tulērunt		tulerant		tulerint	
Infinitiv Perfekt/ der Vorzeitigkeit	tulisse	getragen haben				

Konjunktiv Aktiv

Konjunktiv Perfekt/ Konjunktiv I der Vorzeitigkeit	Konjunktiv Plusquamperfekt/ Konjunktiv II der Vorzeitigkeit
tulerim	tulissem
tuleris	tulissēs
tulerit	tulisset
tulerimus	tulissēmus
tuleritis	tulissētis
tulerint	tulissent

Indikativ Passiv

	Perfekt		Plusquamperfekt		Futur 2	
1. Pers. Sg.	lātus, a, um sum	ich habe getragen	lātus, a, um eram	ich war getragen worden	lātus, a, um erō	ich werde getragen worden sein
2. Pers. Sg.	lātus, a, um es		lātus, a, um erās		lātus, a, um eris	
3. Pers. Sg.	lātus, a, um est		lātus, a, um erat		lātus, a, um erit	
1. Pers. Pl.	lātī, ae, a sumus		lātī, ae, a erāmus		lātī, ae, a erimus	
2. Pers. Pl.	lātī, ae, a estis		lātī, ae, a erātis		lātī, ae, a eritis	
3. Pers. Pl.	lātī, ae, a sunt		lātī, ae, a erant		lātī, ae, a erunt	
Infinitiv Perfekt/der Vorzeitigkeit	lātum, am, um esse	getragen worden sein				

Konjunktiv Passiv

Konjunktiv Perfekt/ Konjunktiv I der Vorzeitigkeit	Konjunktiv Plusquamperfekt/ Konjunktiv II der Vorzeitigkeit
lātus, a, um sim	lātus, a, um essem
lātus, a, um sīs	lātus, a, um essēs
lātus, a, um sit	lātus, a, um esset
lātī, ae, a sīmus	lātī, ae, a essēmus
lātī, ae, a sītis	lātī, ae, a essētis
lātī, ae, a sint	lātī, ae, a essent

Weitere Formen

Infinitiv der Nachzeitigkeit/Futur Aktiv	lātūrum, am, um esse
Partizip der Nachzeitigkeit/Futur Aktiv	lātūrus, a, um

Ebenso:
afferre, afferō, attulī, allātum: herbeibringen; hinzufügen
auferre, auferō, abstulī, ablātum: wegtragen
cōnferre, cōnferō, contulī, collātum: 1. zusammentragen 2. vergleichen
dēferre, dēferō, dētulī, dēlātum: 1. überbringen 2. anzeigen
īnferre, īnferō, intulī, illātum: 1. hineintragen 2. zufügen
offere, offerō, obtulī, oblātum: anbieten
praeferre, praeferō, praetulī, praelātum: vorziehen
referre, referō, rettulī, relātum: 1. zurücktragen 2. berichten

īre, eō, iī, itum: gehen

Präsensstamm

Indikativ

	Präsens		Imperfekt		Futur 1	
1. Pers. Sg.	eō	ich gehe	ībam	ich ging	ībō	ich werde gehen
2. Pers. Sg.	īs		ībās		ībis	
3. Pers. Sg.	it		ībat		ībit	
1. Pers. Pl.	īmus		ībāmus		ībimus	
2. Pers. Pl.	ītis		ībātis		ībitis	
3. Pers. Pl.	eunt		ībant		ībunt	
Imperativ Sg.	ī	geh(e)!				
Imperativ Pl.	īte	geht!				
Infinitiv der Gleichzeitigkeit/Infinitiv Präsens	īre	gehen				

Konjunktiv

Konjunktiv Präsens/ Konjunktiv I der Gleichzeitigkeit	Konjunktiv Imperfekt/ Konjunktiv II der Gleichzeitigkeit
eam	īrem
eās	īrēs
eat	īret
eāmus	īrēmus
eātis	īrētis
eant	īrent

Perfektstamm

Indikativ

	Perfekt		Plusquamperfekt		Futur 2	
1. Pers. Sg.	iī	ich bin gegangen/ ging	ieram	ich war gegangen	ierō	ich werde gegangen sein
2. Pers. Sg.	īstī		ierās		ieris	
3. Pers. Sg.	iit		ierat		ierit	
1. Pers. Pl.	iimus		ierāmus		ierimus	
2. Pers. Pl.	īstis		ierātis		ieritis	
3. Pers. Pl.	iērunt		ierant		ierint	
Infinitiv der Vorzeitigkeit/Perfekt	īsse	gegangen sein				

Konjunktiv

Konjunktiv Perfekt/ Konjunktiv I der Vorzeitigkeit	Konjunktiv Plusquamperfekt/ Konjunktiv II der Vorzeitigkeit
ierim	īssem
ieris	īssēs
ierit	īsset
ierimus	īssēmus
ieritis	īssētis
ierint	īssent

Ebenso:
abīre, abeō, abiī, abitum: weg-, fortgehen
adīre, deō, adiī, aditum: 1. herangehen *an* 2. angreifen 3. besuchen 4. sich wenden *an*
exire, exeō, exiī, exitum: hinausgehen
inīre, ineō, iniī, initum: 1. hineingehen, betreten 2. anfangen, beginnen
obīre, obeō, obiī, obitum: entgegengehen
perīre, pereō, periī, peritūrus: zugrunde gehen
redīre, redeō, rediī, reditum: zurückgehen, zurückkehren
subīre, subeō, subiī, subitum: auf sich nehmen
trānsīre, trānseō, trānsiī, trānsitum: überqueren

fierī, fīō, factus sum: 1. werden 2. geschehen 3. gemacht werden

Indikativ			
Präsens	1. Pers. Sg.	fīō	ich werde; ich werde gemacht
	2. Pers. Sg.	fīs	
	3. Pers. Sg.	fit	
	1. Pers. Pl.	fīmus	
	2. Pers. Pl.	fītis	
	3. Pers. Pl.	fīunt	
Imperfekt	1. Pers. Sg.	fīēbam	ich wurde; ich wurde gemacht
	2. Pers. Sg.	fīēbās	
Futur 1	1. Pers. Sg.	fīam	ich werde werden; ich werde gemacht werden
	2. Pers. Sg.	fīēs	
Perfekt	1. Pers. Sg.	factus sum	ich bin geworden; ich bin gemacht worden
Plusquamperfekt	1. Pers. Sg.	factus eram	ich war geworden; ich war gemacht worden
Futur 2	1. Pers. Sg.	factur erō	ich werde geworden sein; ich werde gemacht worden sein
Konjunktiv			
Präsens/Konjunktiv I der Gleichzeitigkeit	1. Pers. Sg.	fīam	
	2. Pers. Sg.	fīās	
	3. Pers. Sg.	fīat	
Imperfekt/Konjunktiv II der Gleichzeitigkeit	1. Pers. Sg.	fierem	
	2. Pers. Sg.	fierēs	
Perfekt/Konjunktiv I der Vorzeitigkeit	1. Pers. Sg.	factus sim	
Plusquamperfekt/Konjunktiv II der Vorzeitigkeit	1. Pers. Sg.	factus essem	
Infinitive			
Präsens/der Gleichzeitigkeit		fierī	werden; geschehen; gemacht werden
Perfekt/der Vorzeitigkeit		factum, am, um esse	geworden sein; geschehen sein; gemacht worden sein
Futur/der Nachzeitigkeit		fūtūrum, am, um esse/fore	

posse, possum, potuī: können

Präsensstamm

Indikativ

	Präsens		Imperfekt		Futur 1	
1. Pers. Sg.	possum	ich kann	poteram	ich konnte	poterō	ich werde können
2. Pers. Sg.	potes		poterās		poteris	
3. Pers. Sg.	potest		poterat		poterit	
1. Pers. Pl.	possumus		poterāmus		poterimus	
2. Pers. Pl.	potestis		poterātis		poteritis	
3. Pers. Pl.	possunt		poterant		poterunt	
Infinitiv Präsens/ der Gleichzeitigkeit	posse	können				

Konjunktiv

Konjunktiv Präsens/ Konjunktiv I der Gleichzeitigkeit	Konjunktiv Imperfekt/ Konjunktiv II der Gleichzeitigkeit
possim	possem
possīs	possēs
possit	posset
possīmus	possēmus
possītis	possētis
possint	possent

Perfektstamm

Indikativ

	Perfekt		Plusquam-perfekt		Futur 2	
1. Pers. Sg.	potuī	ich habe gekonnt/ konnte	potueram	ich hatte gekonnt	potuerō	ich werde gekonnt haben
2. Pers. Sg.	potuistī		potuerās		potueris	
3. Pers. Sg.	potuit		potuerat		potuerit	
1. Pers. Pl.	potuimus		potuerāmus		potuerimus	
2. Pers. Pl.	potuistis		potuerātis		potueritis	
3. Pers. Pl.	potuērunt		potuerant		potuerint	
Infinitiv Perfekt/ der Vorzeitigkeit	potuisse	gekonnt haben				

Konjunktiv

Konjunktiv Perfekt/ Konjunktiv I der Vorzeitigkeit	Konjunktiv Plusquamperfekt/ Konjunktiv II der Vorzeitigkeit
potuerim	potuissem
potueris	potuissēs
potuerit	potuisset
potuerimus	potuissēmus
potueritis	potuissētis
potuerint	potuissent

prōdesse, prōsum, prōfuī: nützen

Präsensstamm

Indikativ

	Präsens		Imperfekt		Futur 1	
1. Pers. Sg.	prō-sum	ich nütze	prōd-eram	ich nützte	prōd-erō	ich werde nützen
2. Pers. Sg.	prōd-es		prōd-erās		prōd-eris	
3. Pers. Sg.	prōd-est		prōd-erat		prōd-erit	
1. Pers. Pl.	prō-sumus		prōd-erāmus		prōd-erimus	
2. Pers. Pl.	prōd-estis		prōd-erātis		prōd-eritis	
3. Pers. Pl.	prō-sunt		prōd-erant		prōd-erunt	
Imperativ Sg.	prōd-es	nütze!				
Imperativ Pl.	prōd-este	nützt!				
Infinitiv der Gleichzeitigkeit/ Präsens	prōd-esse	nützen				

Konjunktiv

Konjunktiv Präsens/ Konjunktiv I der Gleichzeitigkeit	Konjunktiv Imperfekt/ Konjunktiv II der Gleichzeitigkeit
prō-sim	prōd-essem
prō-sīs	prōd-essēs
prō-sit	prōd-esset
prō-sīmus	prōd-essēmus
prō-sītis	prōd-essētis
prō-sint	prōd-essent

Perfektstamm

Indikativ

	Perfekt		Plusquamperfekt		Futur 2	
1. Pers. Sg.	prō-fuī	ich habe genützt	prō-fueram	ich hatte genützt	prō-fuerō	ich werde genützt haben
2. Pers. Sg.	prō-fuistī		prō-fuerās		prō-fueris	
3. Pers. Sg.	prō-fuit		prō-fuerat		prō-fuerit	
1. Pers. Pl.	prō-fuimus		prō-fuerāmus		prō-fuerimus	
2. Pers. Pl.	prō-fuistis		prō-fuerātis		prō-fueritis	
3. Pers. Pl.	prō-fuērunt		prō-fuerant		prō-fuerint	
Infinitiv der Vorzeitigkeit/ Perfekt	prō-fuisse	genützt haben				

Konjunktiv

Konjunktiv Perfekt/ Konjunktiv I der Vorzeitigkeit	Konjunktiv Plusquamperfekt/ Konjunktiv II der Vorzeitigkeit
prō-fuerim	prō-fuissem
prō-fueris	prō-fuissēs
prō-fuerit	prō-fuisset
prō-fuerimus	prō-fuissēmus
prō-fueritis	prō-fuissētis
prō-fuerint	prō-fuissent

Weitere Formen

Infinitiv der Nachzeitigkeit/Futur	profutūrum, am, um esse
Partizip der Nachzeitigkeit/Futur	profutūrus, a, um

velle; nōlle; mālle

velle, volō, voluī: wollen; nōlle (aus nōn velle), nōlō, nōluī: nicht wollen; mālle (aus: magis velle; magis: mehr; lieber), mālō, māluī: lieber wollen

Indikativ			
	Präsens		
1. Pers. Sg.	volō	nōlō	mālō
2. Pers. Sg.	vīs	nōn vīs	māvīs
3. Pers. Sg.	vult	nōn vult	māvult
1. Pers. Pl.	volumus	nōlumus	mālumus
2. Pers. Pl.	vultis	nōn vultis	māvultis
3. Pers. Pl.	volunt	nōlunt	mālunt
	Imperfekt		
1. Pers. Sg.	volēbam	nōlēbam	mālēbam
2. Pers. Sg.	volēbās	nōlēbās	mālēbās
	Perfekt		
1. Pers. Sg.	voluī	nōluī	māluī
2. Pers. Sg.	voluistī	nōluistī	māluistī
	Plusquamperfekt		
1. Pers. Sg.	volueram	nōlueram	mālueram
2. Pers. Sg.	voluerās	nōluerās	māluerās
	Futur		
1. Pers. Sg.	volam	nōlam	mālam
2. Pers. Sg.	volēs	noles	mālēs
Konjunktiv			
	Präsens/Konjunktiv I der Gleichzeitigkeit		
1. Pers. Sg.	velim	nōlim	mālim
2. Pers. Sg.	velīs	nōlīs	mālīs
3. Pers. Sg.	velit	nōlit	mālit
1. Pers. Pl.	velīmus	nōlīmus	mālīmus
2. Pers. Pl.	velītis	nōlītis	mālītis
3. Pers. Pl.	velint	nōlint	mālint
	Imperfekt/Konjunktiv II der Gleichzeitigkeit		
1. Pers. Sg.	vellem	nōllem	māllem
2. Pers. Sg.	vellēs	nōllēs	māllēs
	Plusquamperfekt/Konjunktiv II der Vorzeitigkeit		
1. Pers. Sg.	voluissem	nōluissem	māluissem
2. Pers. Sg.	voluissēs	nōluissēs	māluissēs

Infinitive			
	Präsens/Infinitiv der Gleichzeitigkeit		
	velle	nōlle	mālle
	Perfekt/Infinitiv der Vorzeitigkeit		
	voluisse	nōluisse	māluisse
Imperative			
		nōlī	
		nōlīte	
Partizip Präsens/Partizip der Gleichzeitigkeit			
	volēns, volentis	nōlens, nōlentis	

Stammformen

abesse	absum	āfuī	āfutūrus	abwesend sein
abīre	abeō	abiī	abitum	weg-, fortgehen
abrumpere	abrumpō	abrūpī	abruptum	ab-, wegreißen
abstinēre	abstineō	abstinuī	abstentum	sich *einer Sache* enthalten, sich fernhalten *von*
accipere	accipiō	accēpī	acceptum	annehmen, empfangen
accurrere	accurrō	accurrī	accursum	herbeilaufen
addere	addō	addidī	additum	hinzufügen
addūcere	addūcō	addūxī	adductum	1. herbei-, heranführen 2. veranlassen
adesse	adsum	adfuī	–	da sein
adicere	adiciō	adiēcī	adiectum	hinzufügen
adipīscī	adipīscor	adeptus sum		erlangen, erreichen
adīre	adeō	adiī	aditum	1. herangehen 2. angreifen 3. besuchen 4. sich wenden *an*
advenīre	adveniō	advēnī	adventum	ankommen
afferre	afferō	attulī	allātum	herbeibringen; hinzufügen
afficere	afficiō	affēcī	affectum	versehen, ausstatten
affīgere	affīgō	affīxī	affīxum	anheften
afflīgere	afflīgō	afflīxī	afflīctum	niederschlagen
agere	agō	ēgī	āctum	1. tun, machen 2. treiben 3. betreiben 4. (ver)handeln
alere	alō	aluī	altum	(er)nähren
āmittere	āmittō	āmīsī	āmissum	verlieren
animadvertere	animadvertō	animadvertī	animadversum	bemerken
aperīre	aperiō	aperuī	apertum	öffnen
ārdēre	ārdeō	ārsī	ārsūrus	brennen

ascendere	ascendō	ascendī	ascēnsum	besteigen
auferre	auferō	abstulī	ablātum	wegtragen
aufugere	aufugiō	aufūgī		entfliehen
augēre	augeō	auxī	auctum	vermehren, vergrößern
āvertere	āvertō	āvertī	āversum	abwenden
cadere	cadō	cecidī	cāsūrus	fallen
capere	capiō	cēpī	captum	fangen
cēdere	cēdō	cessī	cessum	gehen, weichen
cernere	cernō	crēvī	crētum	1. wahrnehmen 2. entscheiden
cingere	cingō	cīnxī	cīnctum	umgürten, umgeben
circumdare	circumdō	circumdedī	circumdatum	umgeben
circumspicere	circumspiciō	circumspexī	circumspectum	betrachten, mustern
claudere	claudō	clausī	clausum	(ver)schließen
cōgere	cōgō	coēgī	coāctum	1. zusammentreiben 2. zwingen
cōgnōscere	cōgnōscō	cōgnōvī	cōgnitum	kennenlernen, erkennen, erfahren
colere	colō	coluī	cultum	1. pflegen 2. *einen Acker* bebauen 3. verehren
colloquī	colloquor	collocūtus sum		sich unterhalten
committere	committō	commīsī	commissum	1. veranstalten, begehen 2. anvertrauen
commovēre	commoveō	commōvī	commōtum	bewegen, veranlassen
comperīre	comperiō	comperī	compertum	erfahren
comprehendere	comprehendō	comprehendī	comprehēnsum	ergreifen
concurrere	concurrō	concurrī	concursum	zusammenlaufen
condere	condō	condidī	conditum	gründen
cōnferre	cōnferō	contulī	collātum	1. zusammentragen 2. vergleichen
cōnfugere	cōnfugiō	cōnfūgī	–	flüchten, fliehen
congerere	congerō	congessī	congestum	zusammentragen

conicere	coniciō	coniēcī	coniectum	1. werfen 2. vermuten
coniungere	coniungō	coniūnxī	coniūnctum	verbinden
cōnscendere	cōnscendō	cōnscendī	cōnscēnsum	besteigen
cōnsentīre	cōnsentiō	cōnsēnsī	cōnsēnsum	übereinstimmen, zustimmen
cōnsequī	cōnsequor	cōnsecūtus sum		1. nachfolgen 2. erreichen
cōnserere	cōnserō	cōnseruī	cōnsertum	zusammenfügen, verbinden
cōnsīdere	cōnsīdō	cōnsēdī	cōnsessum	sich niederlassen, sich setzen
cōnspicere	cōnspiciō	cōnspexī	cōnspectum	erblicken, sehen
cōnstituere	cōnstituō	cōnstituī	cōnstitūtum	1. festsetzen, beschließen 2. errichten
cōnstruere	cōnstruō	cōnstrūxī	cōnstrūctum	(er)bauen, errichten
cōnsulere	cōnsulō	cōnsuluī	cōnsultum	1. *mit Akk.*: um Rat fragen 2. *mit Dat.*: sorgen *für*
continēre	contineō	continuī	contentum	1. festhalten 2. enthalten, umfassen
contrādīcere	contrādīcō	contrādīxī	contrādictum	widersprechen
convenīre	conveniō	convēnī	conventum	1. zusammenkommen 2. treffen
convenīre	convenit	convēnit	–	sich gehören, angemessen sein
convertere	convertō	convertī	conversum	1. wenden 2. umstürzen
convincere	convincō	convīcī	convictum	*eines Verbrechens* überführen
corrigere	corrigō	corrēxī	corrēctum	verbessern
corripere	corripiō	corripuī	correptum	zusammenraffen, ergreifen
corrumpere	corrumpō	corrūpī	corruptum	1. verderben 2. bestechen
crēdere	crēdō	crēdidī	crēditum	glauben; vertrauen
cubāre	cubō	cubuī	cubitum	liegen, ruhen
cupere	cupiō	cupīvī	cupītum	wünschen, wollen
currere	currō	cucurrī	cursum	laufen

dare	dō	dedī	datum	geben
dēcēdere	dēcēdō	dēcessī	dēcessum	1. weggehen, sich entfernen 2. aus dem Leben scheiden, sterben
dēcernere	dēcernō	dēcrēvī	dēcrētum	entscheiden, beschließen
dēdere	dēdō	dēdidī	dēditum	übergeben, ausliefern
dēdūcere	dēdūcō	dēdūxī	dēductum	wegführen
dēfendere	dēfendō	dēfendī	dēfēnsum	verteidigen, schützen
dēferre	dēferō	dētulī	dēlātum	1. überbringen 2. anzeigen
dēicere	dēiciō	dēiēcī	dēiectum	herab-, hinunterstoßen
dēlēre	dēleō	dēlēvī	dēlētum	zerstören
dēmittere	dēmittō	dēmīsī	dēmissum	1. hinablassen, -werfen 2. wegnehmen
dēpellere	dēpellō	dēpulī	dēpulsum	vertreiben, verjagen
dērīdēre	dērīdeō	dērīsī	dērīsum	auslachen, verspotten
dēscendere	dēscendō	dēscendī	dēscēnsum	hinab-, hinuntersteigen
dēserere	dēserō	dēseruī	dēsertum	verlassen; im Stich lassen
dēsinere	dēsinō	dēsiī	dēsitum	aufhören
dēsistere	dēsistō	dēstitī	dēstitum	aufhören
dētrahere	dētrahō	dētrāxī	dētractum	herabziehen; weggnehmen
dīcere	dīcō	dīxī	dictum	sagen
dīligere	dīligō	dīlēxī	dīlēctum	lieben, hochachten
dīmittere	dīmittō	dīmīsī	dīmissum	wegschicken, entlassen
dīripere	dīripiō	dīripuī	dīreptum	plündern
discēdere	discēdō	discessī	discessum	weg-, auseinandergehen
discere	discō	didicī	–	lernen
disserere	disserō	disseruī	dissertum	erörtern, sprechen über
dissidēre	dissideō	dissēdī	–	uneinig sein, nicht übereinstimmen
distribuere	distribuō	distribuī	distribūtum	verteilen
domāre	domō	domuī	domitum	1. zähmen 2. bezwingen
dūcere	dūcō	dūxī	ductum	führen

efficere	efficiō	effēcī	effectum	1. hervorbringen, zustande bringen, bilden 2. machen zu
effugere	effugiō	effūgī	effugitūrus	(ent)fliehen
ēmittere	ēmittō	ēmīsī	ēmissum	1. herausschicken 2. freilassen
ērigere	ērigō	ērēxī	ērēctum	aufrichten, errichten
ēripere	ēripiō	ēripuī	ēreptum	entreißen
esse	sum	fuī	futūrus	sein; existieren, vorhanden sein
ēvenīre	ēvenit	ēvēnit	–	sich ereignen
excēdere	excēdō	excessī	excessum	1. hinausgehen, sich entfernen 2. übersteigen
exhaurīre	exhauriō	exhausī	exhaustum	ausschöpfen, leeren
exigere	exigō	exēgī	exāctum	1. eintreiben, einfordern 2. ausführen, vollenden
exīre	exeō	exiī	exitum	hinausgehen
expellere	expellō	expulī	expulsum	vertreiben
exstinguere	exstinguō	exstīnxī	exstīnctum	(aus)löschen
exstruere	exstruō	exstrūxī	exstrūctum	aufbauen, errichten
facere	faciō	fēcī	factum	machen, tun
fallere	fallō	fefellī	dēceptum	täuschen, betrügen
ferre	ferō	tulī	lātum	1. bringen, tragen 2. ertragen
fierī	fīō	factus sum		1. werden 2. geschehen 3. gemacht werden
flectere	flectō	flexī	flexum	1. beugen, biegen 2. wenden
flēre	fleō	flēvī	flētum	weinen
fluere	fluō	flūxī	flūxum	fließen
fugere	fugiō	fūgī	fugitūrus	fliehen
fundere	fundō	fūdī	fūsum	1. ausgießen 2. zerstreuen
gaudēre	gaudeō	gāvīsus sum		sich freuen

gerere	gerō	gessī	gestum	1. tragen 2. führen, ausführen
iacere	iaciō	iēcī	iactum	werfen, schleudern
implēre	impleō	implēvī	implētum	erfüllen
incēdere	incēdō	incessī	incessum	1. einhergehen 2. eindringen
incendere	incendō	incendī	incēnsum	anzünden, in Brand stecken
incipere	incipiō	coepī	inceptum	anfangen, beginnen
incolere	incolō	incoluī	incultum	wohnen, bewohnen
indūcere	indūcō	indūxī	inductum	hineinführen
induere	induō	induī	indūtum	*ein Kleidungsstück* anziehen
īnferre	īnferō	intulī	illātum	1. hineintragen 2. zufügen
īnficere	īnficiō	īnfēcī	īnfectum	1. benetzen 2. vergiften
inicere	iniciō	iniēcī	iniectum	1. hineinwerfen, auf *etwas* werfen 2. einjagen, einflößen
inīre	ineō	iniī	initum; *Part. der Gleichzeitigkeit/ Part. Präs. Akt.:* iniēns, ineuntis	1. hineingehen, betreten 2. anfangen, beginnen
inquīrere	inquīrō	inquīsīvī	inquīsītum	1. (auf)suchen 2. untersuchen, prüfen
īnserere	īnserō	īnsēvī	īnsitum	einpflanzen
īnscrībere	īnscrībō	īnscrīpsī	īnscrīptum	mit einer Inschrift versehen, betiteln
īnspicere	īnspiciō	īnspexī	īnspectum	hineinschauen, ansehen
īnstruere	īnstruō	īnstrūxī	īnstrūctum	1. aufstellen, ausrüsten 2. unterrichten
intellegere	intellegō	intellēxī	intellectum	einsehen, erkennen, verstehen
interclūdere	interclūdō	interclūsī	interclūsum	absperren, abtrennen
interesse	intersum	interfuī	–	teilnehmen *an*
interficere	interficiō	interfēcī	interfectum	töten

invādere	invādō	invāsī	invāsum	1. eindringen 2. befallen 3. angreifen
invenīre	inveniō	invēnī	inventum	finden
īre	eō	iī	itum	gehen
iubēre	iubeō	iussī	iussum	befehlen
laedere	laedō	laesī	laesum	verletzen; beleidigen
lābī	lābor	lāpsus sum		gleiten; fallen
lavāre	lavō	lāvī	lautum	waschen
lavārī	lavor	lautus/lavātus sum		sich waschen, baden
legere	legō	lēgī	lēctum	1. lesen, vorlesen 2. sammeln
loquī	loquor	locūtus sum		sprechen
lūdere	lūdō	lūsī	lūsum	spielen
lūgēre	lūgeō	lūxī	lūctum	trauern, betrauern
maledīcere	maledīcō	maledīxī	maledictum	schmähen, beleidigen
mālle	mālō	māluī	–	lieber wollen
manēre	maneō	mānsī	mānsūrus	bleiben
metuere	metuō	metuī	–	fürchten, sich fürchten
mittere	mittō	mīsī	missum	1. schicken 2. werfen, schießen
morī	morior	mortuus sum		sterben
movēre	moveō	mōvī	mōtum	bewegen
nancīscī	nancīscor	nactus/nānctus sum		1. antreffen 2. bekommen, erhalten
neglegere	neglegō	neglēxī	neglēctum	1. nicht beachten, missachten 2. vernachlässigen
nōlle	nōlō	nōluī	–	nicht wollen
nōscere	nōscō	nōvī	nōtum	kennenlernen
obīre	obeō	obiī	obitum	entgegengehen
obsidēre	obsideō	obsēdī	obsessum	1. belagern 2. beherrschen
obsīdere	obsīdō	obsēdī	obsessum	belagern
obstringere	obstringō	obstrīnxī	obstrictum	verpflichten
occīdere	occīdō	occīdī	occīsum	töten

offere	offerō	obtulī	oblātum	anbieten
ōdisse		ōdī	ōsūrus	hassen
opprimere	opprimō	oppressī	oppressum	1. unterdrücken, bedrängen 2. überfallen
ostendere	ostendō	ostendī	ostentum	zeigen, entgegenstrecken
parcere	parcō	pepercī	parsūrus	(ver)schonen
parere	pariō	peperī	partum	hervorbringen; gebären
patī	patior	passus sum		erdulden, erleiden
percutere	percutiō	percussī	percussum	1. durchbohren 2. (tot)schlagen 3. erschüttern
perficere	perficiō	perfēcī	perfectum	ausführen, vollenden
perīre	pereō	periī	peritūrus	zugrunde gehen
persuādēre	persuādeō	persuāsī	persuāsum	1. *mit ut:* überreden 2. *mit aci:* überzeugen
pervenīre	perveniō	pervēnī	perventum	(hin)gelangen
petere	petō	petīvī	petītum	1. erbitten, erstreben 2. *auf etwas/jemanden* losgehen
pōnere	pōnō	posuī	positum	1. setzen, stellen 2. (ab)legen
porrigere	porrigō	porrēxī	porrēctum	1. (dar)reichen 2. ausstrecken
posse	possum	potuī	–	können
praecipere	praecipiō	praecēpī	praeceptum	1. vorausnehmen 2. vorschreiben
praeesse	praesum	praefuī	praefutūrus	vorstehen, an der Spitze stehen, leiten
praeferre	praeferō	praetulī	praelātum	vorziehen
praestāre	praestō	praestitī	praestitum; praestātūrus	1. an den Tag legen, beweisen 2. voranstehen, übertreffen
prōdesse	prōsum	prōfuī	prōfutūrus	nützen
prōmittere	prōmittō	prōmīsī	prōmissum	versprechen
prōmovēre	prōmoveō	prōmōvī	prōmōtum	1. vorwärtsbewegen 2. erweitern, ausdehnen

prōpōnere	prōpōnō	prōposuī	prōpositum	1. vorlegen 2. vorschlagen
quaerere	quaerō	quaesīvī	quaesītum	suchen
quiēscere	quiēscō	quiēvī	quiētum	1. (sich aus)ruhen 2. Ruhe geben
rādere	rādō	rāsī	rāsum	rasieren
rapere	rapiō	rapuī	raptum	(weg)reißen; rauben
recēdere	recēdō	recessī	recessum	zurückweichen; sich zurückziehen
recipere	recipiō	recēpī	receptum	aufnehmen
reddere	reddō	reddidī	redditum	1. wiedergeben, bringen 2. machen zu
redīre	redeō	rediī	reditum	zurückgehen, zurückkehren
redūcere	redūcō	redūxī	reductum	zurückführen, zurückbringen
refellere	refellō	refellī	–	widerlegen
referre	referō	rettulī	relātum	1. zurücktragen 2. berichten
reficere	reficiō	refēcī	refectum	wiederherstellen
regere	regō	rēxī	rēctum	lenken, leiten; verwalten
relinquere	relinquō	relīquī	relictum	verlassen, zurücklassen
remittere	remittō	remīsī	remissum	zurückschicken
repellere	repellō	reppulī	repulsum	zurücktreiben, -schlagen
reperīre	reperiō	repperī	repertum	finden, entdecken
requiēscere	requiēscō	requiēvī	requiētum	sich ausruhen
requīrere	requīrō	requīsīvī	requīsītum	nachforschen; fragen
rescrībere	rescrībō	rescrīpsī	rescrīptum	zurückschreiben, antworten
resistere	resistō	restitī	–	widerstehen, Widerstand leisten
respicere	respiciō	respexī	respectum	zurückschauen
respondēre	respondeō	respondī	respōnsum	antworten, erwidern

restituere	restituō	restituī	restitūtum	wiederherstellen, ersetzen
revenīre	reveniō	revēnī	reventum	zurückkommen
revertī	revertor	revertī	reversum	zurückkehren
rīdēre	rīdeō	rīsī	rīsum	lachen
ruere	ruō	ruī	rutum	stürzen
sapere	sapiō	sapīvī	–	1. klug/weise sein 2. verstehen, wissen
scrībere	scrībō	scrīpsī	scrīptum	schreiben
sedēre	sedeō	sēdī	sessum	sitzen
sentīre	sentiō	sēnsī	sēnsum	1. fühlen 2. merken
sequī	sequor	secūtus sum		folgen, befolgen
solēre	soleō	solitus sum		pflegen, gewohnt sein
spernere	spernō	sprēvī	sprētum	zurückweisen, verschmähen
suādēre	suādeō	suāsī	suāsum	raten
subicere	subiciō	subiēcī	subiectum	unterwerfen
subīre	subeō	subiī	subitum	auf sich nehmen
sūmere	sūmō	sūmpsī	sūmptum	nehmen
surgere	surgō	surrēxī	surrēctum	aufstehen, sich erheben
sustinēre	sustineō	sustinuī	sustentum	1. (hoch)halten 2. aushalten, ertragen
tangere	tangō	tetigī	tāctum	berühren
tegere	tegō	tēxī	tēctum	(be)decken
tingere	tingō	tīnxī	tīnctum	benetzen, befeuchten
tollere	tollō	sustulī	sublātum	hoch-, aufheben
trādere	trādō	trādidī	trāditum	übergeben, überliefern
trahere	trahō	trāxī	tractum	ziehen, schleppen
trānsgredī	trānsgredior	trānsgressus sum		überschreiten, übertreten
trānsīre	trānseō	trānsiī	trānsitum	überqueren
trānsmittere	trānsmittō	trānsmīsī	trānsmissum	1. hinüberschicken 2. überschreiten

tribuere	tribuō	tribuī	tribūtum	zuteilen, erweisen
ūrere	ūrō	ussī	ustum	verbrennen, versengen
ūtī	ūtor	ūsus sum		benutzen, gebrauchen
velle	volō	voluī	–	wollen
venīre	veniō	vēnī	ventum	kommen
vetāre	vetō	vetuī	vetitum	verbieten
vidēre	videō	vīdī	vīsum	sehen
vidērī	videor	vīsus sum		scheinen
vincere	vincō	vīcī	victum	siegen, besiegen
vīvere	vīvō	vīxī	vīctūrus	leben

Perfektstämme

abiī	abīre
abrūpī	abrumpere
abstinuī	abstinēre
abstulī	auferre
accēpī	accipere
accurrī	accurrere
addidī	addere
addūxī	addūcere
adeptus sum	adipīscī
adfuī	adesse
adiēcī	adicere
adiī	adīre
advēnī	advenīre
affēcī	afficere
affīxī	affīgere
afflīxī	afflīgere
āfuī	abesse
aluī	alere
āmīsī	āmittere
animadvertī	animadvertere

aperuī	aperīre
ārsī	ardēre
ascendī	ascendere
attulī	afferre
aufūgī	aufugere
auxī	augēre
āvertī	āvertere
cecidī	cadere
cēpī	capere
cessī	cēdere
cīnxī	cingere
circumdedī	circumdare
circumspexī	circumspicere
clausī	claudere
coēgī	cōgere
coepī	incipere
cōgnōvī	cōgnōscere
collocūtus sum	colloquī
coluī	colere
commīsī	committere

commōvī	commovēre
comperī	comperīre
comprehendī	comprehendere
concurrī	concurrere
condidī	condere
cōnfūgī	cōnfugere
congessī	congerere
coniēcī	conicere
coniūnxī	coniungere
cōnscendī	cōnscendere
cōnsecūtus sum	cōnsequī
cōnsēdī	cōnsīdere
cōnsēnsī	cōnsentīre
cōnseruī	cōnserere
cōnspexī	cōnspicere
cōnstituī	cōnstituere
cōnstrūxī	cōnstruere
cōnsuluī	cōnsulere
continuī	continēre
contrādīxī	contrādīcere
contulī	cōnferre
convēnī	convenīre
convēnit	convenīre
convertī	convertere
convīcī	convincere
corrēxī	corrigere
corripuī	corripere
corrūpī	corrumpere
crēdidī	crēdere
crēvī	cernere
cubuī	cubāre
cucurrī	currere
cupīvī	cupere
dēcessī	dēcēdere
dēcrēvī	dēcernere
dedī	dare
dēdidī	dēdere

dēdūxī	dēdūcere
dēfendī	dēfendere
dēiēcī	dēicere
dēlēvī	dēlēre
dēmīsī	dēmittere
dēpulī	dēpellere
dērīsī	dērīdēre
dēscendī	dēscendere
dēseruī	dēserere
dēsiī	dēsinere
dēstitī	dēsistere
dētrāxī	dētrahere
dētulī	dēferre
didicī	discere
dīlēxī	dīligere
dīmīsī	dīmittere
dīripuī	dīripere
discessī	discēdere
dissēdī	dissidēre
disseruī	disserere
distribuī	distribuere
dīxī	dīcere
domuī	domāre
dūxī	dūcere
effēcī	efficere
effūgī	effugere
ēgī	agere
ēmīsī	ēmittere
ērēxī	ērigere
ēripuī	ēripere
ēvēnit	ēvenīre
excessī	excēdere
exēgī	exigere
exhausī	exhaurīre
exiī	exīre
expulī	expellere
exstīnxī	exstinguere

exstrūxī	exstruere
factus sum	fierī
fēcī	facere
fefellī	fallere
flēvī	flēre
flexī	flectere
flūxī	fluere
fūdī	fundere
fūgī	fugere
fuī	esse
gāvīsus sum	gaudēre
gessī	gerere
iēcī	iacere
iī	īre
implēvī	implēre
incendī	incendere
incessī	incēdere
incoluī	incolere
induī	induere
indūxī	indūcere
īnfēcī	īnficere
iniēcī	inicere
iniī	inīre
inquīsīvī	inquīrere
īnscrīpsī	īnscrībere
īnsēvī	īnserere
īnspexī	īnspicere
īnstrūxī	īnstruere
intellēxī	intellegere
interclūsī	interclūdere
interfēcī	interficere
interfuī	interesse
intulī	īnferre
invāsī	invādere
invēnī	invenīre
iussī	iubēre
laesī	laedere

lāpsus sum	lābī
lautus/lavātus sum	lavārī
lāvī	lavāre
lēgī	legere
locūtus sum	loquī
lūsī	lūdere
lūxī	lūgēre
maledīxī	maledīcere
māluī	mālle
mānsī	manēre
metuī	metuere
mīsī	mittere
mortuus sum	morī
mōvī	movēre
nactus/nānctus sum	nancīscī
neglēxī	neglegere
nōluī	nōlle
nōvī	nōscere
obiī	obīre
obsēdī	obsidēre
obsēdī	obsīdere
obstrīnxī	obstringere
obtulī	offere
occīdī	occīdere
ōdī	ōdisse
oppressī	opprimere
ostendī	ostendere
passus sum	patī
pepercī	parcere
peperī	parere
percussī	percutere
perfēcī	perficere
periī	perīre
persuāsī	persuādēre
pertinuī	pertinēre
pervēnī	pervenīre
petīvī	petere

porrēxī	porrigere
posuī	pōnere
potuī	posse
praecēpī	praecipere
praefuī	praeesse
praestitī	praestāre
praetulī	praeferre
prōfuī	prōdesse
prōmīsī	prōmittere
prōmōvī	prōmovēre
prōposuī	prōpōnere
quaesīvī	quaerere
quiēvī	quiēscere
rapuī	rapere
rāsī	rādere
recēpī	recipere
recessī	recēdere
reddidī	reddere
rediī	redīre
redūxī	redūcere
refēcī	reficere
refellī	refellere
relīquī	relinquere
remīsī	remittere
repperī	reperīre
reppulī	repellere
requiēvī	requiēscere
requīsīvī	requīrere
rescrīpsī	rescrībere
respexī	respicere
respondī	respondēre
restitī	resistere
restituī	restituere
rettulī	referre
revēnī	revenīre
revertī	revertī
rēxī	regere

rīsī	rīdēre
ruī	ruere
sapīvī	sapere
scrīpsī	scrībere
secūtus sum	sequī
sēdī	sedēre
sēnsī	sentīre
solitus sum	solēre
sprēvī	spernere
suāsī	suādēre
subiēcī	subicere
subiī	subīre
sūmpsī	sūmere
surrēxī	surgere
sustinuī	sustinēre
sustulī	tollere
tetigī	tangere
tēxī	tegere
tīnxī	tingere
trādidī	trādere
trānsgressus sum	trānsgredī
trānsiī	trānsīre
trānsmīsī	trānsmittere
trāxī	trahere
tribuī	tribuere
tulī	ferre
ussī	ūrere
ūsus sum	ūtī
vēnī	venīre
vetuī	vetāre
vīcī	vincere
vīdī	vidēre
vīsus sum	vidērī
vīxī	vīvere
voluī	velle

Grammatische Begriffe

ā-Deklination	Gruppe der Substantive und Adjektive, deren Ablativ Singular auf -ā endet
ā-Konjugation	Gruppe der Verben, deren Stamm auf -ā endet
Ablativ	5. Fall im Lateinischen; bezeichnet meist eine adverbiale Bestimmung
ablātīvus absolūtus	Wortblock, bestehend aus einem Substantiv/Pronomen und einem Partizip im Ablativ (KNG-Kongruenz)
ablātīvus causae	Ablativ des Grundes
ablātīvus comparātiōnis	Ablativ des Vergleichs
ablātīvus īnstrūmentī	Ablativ des Mittels/Werkzeugs
ablātīvus līmitātiōnis	anderer Name des ablātīvus respectūs
ablātīvus locī	Ablativ des Ortes
ablātīvus mēnsūrae	Ablativ des Maßes
ablātīvus modī	Ablativ der Art und Weise
ablātīvus quālitātis	Ablativ der Eigenschaft
ablātīvus respectūs	Ablativ der Beziehung
ablātīvus sociātīvus	Ablativ der Begleitung
ablātīvus temporis	Ablativ der Zeit
aci	Akkusativ mit Infinitiv
Adjektiv	Eigenschaftswort
adjektivisches Attribut	Satzglied: Beifügung eines Adjektivs
adjektivisches Interrogativpronomen	Fragewort, das sich wie ein Adjektiv an sein Beziehungswort angleicht (»Welcher?«, »Welche?«, »Welches?«)
Adverb	Umstandswort
adverbiale Bestimmung	Satzglied: Umstandsbestimmung
adverbialer Gliedsatz	Gliedsatz, vertritt als Satzglied eine adverbiale Bestimmung
Akkusativ	4. Fall (Wen-Fall)
Akkusativ des Ausrufs	Anders als im Deutschen stehen lateinische Ausrufe oft im Akkusativ.
Akkusativ-Objekt	Satzglied: antwortet auf die Frage: »Wen/Was?«
Aktiv	Tätigkeitsform des Verbs (Gegensatz zu Passiv)
Anapher	Stilmittel: Wiederholung eines Wortes zu Beginn eines Satzes oder einer Wortgruppe
Antithese	Stilmittel: Gegensatz

Apposition	Satzglied: Beifügung eines Substantivs im selben Fall (z. B. »Andreas, *mein Freund*«)
Artikel	Geschlechtswort (»der«, »die«, »das«; »ein«, »eine«, »ein«)
Aspekt	Gesichtspunkt, Blickwinkel
Assimilation	Angleichung
Attribut	Satzglied: Beifügung zu einem Substantiv
Bindevokal	Vokal, der bei einem Verb z. B. zwischen den Stamm und die Endung eingefügt wird (z. B. ag-*u*-nt)
Chiasmus	Stilmittel: Zwei Wortgruppen sind spiegelbildlich angeordnet.
coniūnctīvus adhortātīvus	Konjunktiv, der eine Aufforderung bezeichnet
coniūnctīvus dēlīberātīvus/ dubitātīvus	Konjunktiv, der eine Überlegung oder einen Zweifel ausdrückt
coniūnctīvus iussīvus	Konjunktiv, der einen Befehl bezeichnet
coniūnctīvus optātīvus	Konjunktiv, der einen Wunsch bezeichnet
cōnsecūtiō temporum	Zeitenfolge in konjunktivischen Satzgefügen
cum causāle	begründendes cum
cum concessīvum	eine Einräumung/einen Gegengrund einleitendes cum
cum inversum	»umgekehrtes« cum: Das wichtigere Ereignis steht im Gliedsatz.
cum iterātīvum	eine Wiederholung bezeichnendes cum
cum nārrātīvum	erzählendes cum
cum temporāle	einen genauen Zeitpunkt angebendes cum
Dativ	3. Fall (Wem-Fall)
Dativ-Objekt	Satzglied: antwortet auf die Frage: »Wem?«
datīvus auctōris	Dativ des Urhebers
datīvus commodī	Dativ des Vorteils
datīvus fīnālis	Dativ des Zwecks
datīvus possessīvus	Dativ des Besitzers
Dehnungsperfekt	Bildeweise des Perfekts, bei der der Stammvokal gedehnt wird (z. B. vidēre → vīdī)
Deklination	Gruppe, zu der ein Substantiv oder Adjektiv gehört
deklinieren	ein Substantiv, Adjektiv oder Pronomen beugen, das heißt in die verschiedenen Fälle setzen
Deponens	Verb mit passiven Formen, die aktivisch übersetzt werden
direkter Fragesatz	Hauptsatz in Frageform, der sich direkt an ein Gegenüber richtet
Demonstrativpronomen	hinweisendes Fürwort (dieser, diese, dieses)

doppelter Akkusativ	Manche Verben sind mit zwei Akkusativen verbunden, z. B. »putāre aliquem beātum«: jemanden für glücklich halten.
dreiendiges Adjektiv	Adjektiv, das im Nominativ Singular für alle drei Genera eine eigene Form hat
durativ	die Dauer bezeichnend
ē-Deklination	Gruppe von Substantiven, deren Ablativ Singular auf -ē endet
ē-Konjugation	Gruppe von Verben, deren Stamm auf -ē endet
einendiges Adjektiv	Adjektiv, das im Nominativ Singular für alle drei Genera nur eine Endung hat
»Einrück-Methode«	Methode der grafischen Satzanalyse
Elativ	Superlativ, der nicht die Höchststufe, sondern nur eine sehr hohe Stufe bezeichnet (Übersetzung mit »sehr«/»besonders« o. Ä.)
Ellipse	Stilmittel: Auslassung
feminin	weiblich
finaler Adverbialsatz	Gliedsatz, der einen Zweck bezeichnet; vertritt als Satzglied eine adverbiale Bestimmung
finaler Objektsatz	Gliedsatz, der einen Wunsch ausdrückt; vertritt als Satzglied ein Objekt
Finalsatz	Gliedsatz, der einen Zweck bezeichnet
Futur	Zukunft; Futur 1: einfache Zukunft; Futur 2: vollendete Zukunft
Genitiv	2. Fall (Wessen-Fall)
Genitiv-Attribut	Satzglied: Beifügung eines Substantivs im Genitiv
genitīvus obiectīvus	Genitiv, der das logische Objekt bezeichnet
genitīvus partītīvus	Genitiv, der zu einer Teilmenge die Gesamtmenge angibt
genitīvus possessīvus	Genitiv des Besitzers
genitīvus quālitātis	Genitiv, der eine Eigenschaft bezeichnet
genitīvus subiectīvus	Genitiv, der das logische Subjekt bezeichnet
Genus	Geschlecht (maskulin, feminin, Neutrum)
Genus nātūrāle	»natürliches Geschlecht« (z. B. poēta, poētae *m.*)
Gerundium	deklinierte Form des Infinitivs
Gerundivum	passives Adjektiv, das von einem Verb abgleitet ist
Gliedsatz	Satz, der nicht allein stehen kann; er wird durch eine Subjunktion oder ein Relativpronomen eingeleitet
Grundzahl	z. B. »eins«, »zwei«, »drei«
Hauptsatz	selbstständiger Satz
Haupttempus	Präsens und Futur 1

Hendiadyoin	Stilmittel: Ein und derselbe Sachverhalt wird durch zwei synonyme Begriffe ausgedrückt (»eins durch zwei«).
Hilfsverb	Verb, das eine Ergänzung braucht, damit das Prädikat vollständig ist
i-Deklination	Gruppe von Substantiven und Adjektiven, deren Ablativ Singular auf -ī endet
ī-Konjugation	Gruppe von Verben, deren Stamm auf -ī endet
Imperativ	Modus des Verbs: Befehlsform
imperfectum dē cōnātū	Imperfekt, das den Versuch bezeichnet
Imperfekt	»unvollendete Vergangenheit«; Vergangenheitstempus, das im Lateinischen die Dauer, Wiederholung oder den Versuch bezeichnet
Indefinitpronomen	unbestimmtes Fürwort (z. B. »irgendeiner«)
Indikativ	Modus des Verbs: Wirklichkeitsform
indirekter/abhängiger Fragesatz	Gliedsatz, der durch ein Verb des Fragens eingeleitet wird, sich aber nicht direkt an ein Gegenüber richtet (Gegensatz: direkte Frage)
Infinitiv	Grundform des Verbs
Interjektion	Ausrufewort (z. B. »ach!«, »oh!«)
Interrogativpronomen	Fragefürwort
inversum	umgedreht
Irrealis	Konjunktiv, der einen als nichtwirklich oder als unmöglich dargestellten Sachverhalt bezeichnet
iterativ	eine ständige Wiederholung bezeichnend
»Kästchen-Methode«	Methode der grafischen Satzanalyse
Kasus	Fall
kausal	einen Grund bezeichnend
Kausalsatz	Gliedsatz, der eine Begründung bezeichnet
Klammerstellung	Erweiterungen zu einem Partizip stehen zwischen Beziehungswort und Partizip.
Klimax	Stilmittel: Steigerung
KNG-Kongruenz	Übereinstimmung in Kasus, Numerus und Genus
Komparation	Steigerung des Adjektivs oder Adverbs
Komparativ	1. Steigerungsstufe
Komparativsatz	Gliedsatz, der einen Vergleich bezeichnet
Kompositum	(mit einer Vorsilbe) zusammengesetztes Verb
konditional	eine Bedingung bezeichnend
Konditionalsatz	Gliedsatz, der eine Bedingung bezeichnet

Konjugation	Verbgruppe
konjugieren	ein Verb beugen (Person, Tempus, Aktiv/Passiv)
Konjunktion	Bindewort
Konjunktiv	Modus des Verbs: Möglichkeitsform (Gegensatz zu Indikativ)
Konnektor	Verbindungswort (z. B. »daher«, »denn«, »zuerst«)
Konsekutivsatz	Gliedsatz, der eine Folge bezeichnet
Konsonant	Mitlaut (Gegensatz zu Vokal/Selbstlaut; z. B. l, m, r)
konsonantische Deklination	Untergruppe der Mischdeklination; Gruppe der Nomina, deren Stamm auf einen Konsonanten endet (z. B. mercātor, mercātō*r*-is; vōx, vō*c*-is)
konsonantische Konjugation	Gruppe der Verben, deren Stamm auf einen Konsonanten endet (z. B. a*g*-e-re)
konsonantische Konjugation mit i-Erweiterung	Gruppe der Verben, deren Stamm auf einen Konsonanten endet und die in einigen Formen ein zusätzliches i aufweisen (z. B. capere, ca*pi*-ō)
konzessiv	einen Gegengrund oder eine Einschränkung bezeichnend
Konzessivsatz	Gliedsatz, der eine Einräumung/einen Gegengrund bezeichnet
Kopula	Satzgliedbezeichnung für ein Hilfsverb
Lokativ	Kasus, der bei Städtenamen eine Ortsangabe bezeichnet (z. B. »Rōmae«: in Rom)
maskulin	männlich
Mischdeklination	Oberbegriff für die konsonantische und die i-Deklination
Modus	Aussageform des Verbs (Indikativ/Konjunktiv/Imperativ)
Morphem	bedeutungstragendes sprachliches Zeichen
Nebentempus	Perfekt, Imperfekt, Plusquamperfekt, Futur 2
Neutrum	sächlich
nominaler ablātīvus absolūtus	ablātīvus absolūtus, bei dem an die Stelle des Partizips ein Substantiv tritt
Nominativ	1. Fall (Wer-Fall)
nōminātīvus cum īnfīnītīvō (nci)	Nominativ mit Infinitiv
Numerus	Anzahl (Oberbegriff für Singular – Plural)
o-Deklination	Gruppe der Nomina, deren Ablativ Singular auf -ō endet (z. B. discipulus)
Objekt	Satzglied: antwortet auf die Frage »Wen/Was?« (Akkusativ-Objekt) oder die Frage »Wem?« (Dativ-Objekt)
Objektsakkusativ	Akkusativ im aci, der bei der Übersetzung mit einem dass-Satz zum Objekt wird
ōrātiō oblīqua	indirekte/abhängige Rede

Ordnungszahl	z. B. »der Erste«, »der Zweite«, »der Dritte«
Parallelismus	Stilmittel: Satzabschnitte, die sich entsprechen, stehen in derselben Reihenfolge.
participium coniūnctum	verbundenes Partizip; gleicht sich an sein Beziehungswort in Kasus, Numerus und Genus an und bestimmt zugleich das Prädikat näher
Partizip	Wort, das von einem Verb abgeleitet ist, aber wie ein Adjektiv aussieht
Passiv	Leideform des Verbs (z. B. »ich werde getadelt«)
Perfekt	vollendete Gegenwart; lateinische Erzählzeit
Personalendung	Endung des Verbs, an der man erkennt, welche Person etwas tut oder erleidet
Personalpronomen	persönliches Fürwort (z. B. »ich«, »du«, ...)
Personifikation	Stilmittel: Ein abstrakter Begriff (z. B. »der göttliche Geist«) tritt wie eine Person auf.
Plural	Mehrzahl
Plūrāle tantum	Substantiv, das nur im Plural vorkommt
Plusquamperfekt	»Mehr-als-Perfekt«, vollendete Vergangenheit; drückt die Vorzeitigkeit zu einer vergangenen Handlung aus
Positiv	Grundstufe des Adjektivs (bei der Steigerung)
Possessivpronomen	besitzanzeigendes Fürwort (z. B. »mein«, »dein«, ...)
Potentialis	Konjunktiv, der eine Möglichkeit bezeichnet
Prädikat	Satzglied: Satzaussage (Frage: »Was wird über das Subjekt ausgesagt?«)
Prädikativum	Satzglied: kongruierende adverbiale Bestimmung; das Prädikativum gleicht sich an ein Beziehungswort an und bestimmt das Prädikat näher; das Prädikativum kann ein Adjektiv oder Substantiv sein.
Prädikatsinfinitiv	Der Infinitiv des aci, der bei der Übersetzung mit einem dass-Satz zum Prädikat wird
Prädikatsnomen	Satzglied: Ergänzung zur Kopula
Präfix	Vorsilbe
Präposition	Verhältniswort (z. B. »in«, »an«, »auf«, »bei«, »wegen«, ...)
präpositionaler Ausdruck	mit einer Präposition verbundener Ausdruck (z. B. »nach dem Essen«)
Präsens	Gegenwart
Präteritum	deutsches Vergangenheitstempus (z. B. »ich lobte«, »du riefst«)
Pronomen	Fürwort, Stellvertreter
Pronominaladjektiv	Adjektiv, das wie einige Pronomina den Genitiv auf -īus und den Dativ auf -ī bildet

Realis	Indikativ im konditionalen Satzgefüge, der einen Sachverhalt als Tatsache hinstellt
Reduplikationsperfekt	Perfektbildung, bei der der Präsensstamm verdoppelt wird (z. B. *dare* → *dedī*)
reflexiv	rückbezüglich
Reflexivpronomen	rückbezügliches Fürwort (z. B. »sich«)
relativischer Anschluss	Am Anfang eines lateinischen Satzes steht ein Relativpronomen, das im Deutschen mit dem Demonstrativpronomen wiedergegeben wird.
Relativpronomen	bezügliches Fürwort, leitet einen Relativsatz ein (z. B. »der«, »die«, »das«; »welcher«, »welche«, »welches«)
Relativsatz	Gliedsatz, der durch ein Relativpronomen eingeleitet wird
resultatives Perfekt	Das Tempus zeigt, dass der in der Vergangenheit erzählte Vorgang zwar abgeschlossen ist, sich aber noch auf die Gegenwart auswirkt.
rhetorische Frage	Stilmittel: Frage, auf die keine Antwort erwartet wird, weil die Antwort bereits bekannt ist
s-Perfekt	Perfektbildung, bei der der Perfektstamm auf -s endet (z. B. mittere → mīs-ī)
Satzgefüge	Kombination von Haupt- und Gliedsatz/Haupt- und Gliedsätzen
Satzreihe	Aufeinanderfolge von Hauptsätzen
Semantik	Bedeutung
semantische Funktion	Bedeutung im Satz
Semideponens	Verb, das im Präsens, Imperfekt und Futur 1 aktive Formen mit aktiver Bedeutung hat, sich aber im Perfekt, Plusquamperfekt und Futur 2 wie ein Deponens verhält, oder umgekehrt
Simplex	nicht zusammengesetztes Verb
Singular	Einzahl
Stammformen	bei einem Verb der Infinitiv Präsens Aktiv, die 1. Pers. Sg. Präsens Aktiv, die 1. Pers. Sg. Perfekt Aktiv und das Partizip der Vorzeitigkeit/Partizip Perfekt Passiv (PPP) (z. B. »dare, dō, dedī, datum«)
Stammperfekt	Bildeweise des Perfekts, bei der gegenüber dem Präsensstamm keine Veränderung eintritt (z. B. *dēscendere* → *dēscendī*)
Stilmittel	sprachliche Besonderheit, die mit einer zusätzlichen Absicht verbunden ist
Subjekt	Satzglied: Satzgegenstand (Frage: »Wer?/Was?«)
Subjektsakkusativ	Akkusativ im aci, der bei der Übersetzung mit einem dass-Satz zum Subjekt wird
Subjunktion	unterordnendes Bindewort (z. B. »als«, »weil«)
Substantiv	Hauptwort

substantiviertes Adjektiv	Das Adjektiv steht selbstständig, also ohne Beziehungswort, und wird wie ein Substantiv verwendet (z. B. »das Gute«).
substantivisches Interrogativpronomen	Fragefürwort, das kein Beziehungswort hat und wie ein Substantiv verwendet wird (»Wer?«, »Was?«)
Suffix	Nachsilbe
Superlativ	2. Steigerungsstufe
Synonym	bedeutungsgleiches oder -ähnliches Wort
syntaktische Funktion	Rolle, die ein Satzglied im Satz spielt
temporal	zeitlich
Temporalsatz	Gliedsatz, der einen Zeitpunkt bezeichnet
Tempus	Zeit
u-Deklination	Gruppe von Substantiven, deren Ablativ Singular auf -ū endet (z. B. exercitus)
u-Perfekt	Perfektbildung, bei der der Perfektstamm auf -u endet (z. B. terrēre → terr*u*-ī)
unpersönlicher Ausdruck	Ausdruck, bei dem das Subjekt keine Person ist (z. B. »es ist bekannt«)
v-Perfekt	Perfektbildung, bei der der Perfektstamm auf -v endet (z. B. laudāre → laudā*v*-i)
Verb	Tätigkeitswort
verba dēfectīva	Verben, die nur einen Teil der Formen bilden (z. B. coepisse)
Vokal	Selbstlaut (a, e, i, o, u)
Vokativ	Kasus der Anrede
Vollverb	Verb, das im Satz allein das Prädikat bilden kann (Gegensatz: Hilfsverb)
Wunschsatz	adverbialer Gliedsatz, der einen Wunsch bezeichnet
Zahlwort	z. B. »eins«, »zwei«, »drei«; »der Erste«, »der Zweite«, »der Dritte«
Zwecksatz	adverbialer Gliedsatz, der einen Zweck bezeichnet
zweiendiges Adjektiv	Adjektiv, das im Nominativ Singular eine gemeinsame Endung für das Maskulinum und Femininum und eine gesonderte für das Neutrum hat

Index

Die Zahlen bis 118 beziehen sich auf die Paragrafen von Intra Grammatik und Vokabeln I, die ab 119 auf Intra Grammatik und Vokabeln II.